墨香财经学术文库

"十二五"辽宁省重点图书出版规划项目

Research on the Forming Mechanism of
Consumer Cross-channel Buying Behavior

郭燕 董绍增 ◎ 著

消费者跨渠道购买行为形成机制研究

（第二版）

东北财经大学出版社　　大连
Dongbei University of Finance & Economics Press

图书在版编目（CIP）数据

消费者跨渠道购买行为形成机制研究 / 郭燕，董绍增著. —2版. —大连：
东北财经大学出版社，2021.12
（墨香财经学术文库）
ISBN 978-7-5654-4395-4

Ⅰ．消…　Ⅱ．①郭…②董…　Ⅲ．消费者行为论-研究　Ⅳ．F036.3

中国版本图书馆CIP数据核字（2022）第031936号

东北财经大学出版社出版发行

大连市黑石礁尖山街217号　邮政编码　116025
网　　址：http：//www.dufep.cn
读者信箱：dufep @ dufe.edu.cn
大连永盛印业有限公司印刷

幅面尺寸：170mm×240mm　字数：155千字　印张：11.25　插页：1
2021年12月第2版　　　　　2021年12月第1次印刷
责任编辑：孙晓梅　吴　奂　　责任校对：肖　眉
封面设计：冀贵收　　　　　　版式设计：原　皓
定价：42.00元

教学支持　售后服务　联系电话：（0411）84710309
版权所有　侵权必究　举报电话：（0411）84710523
如有印装质量问题，请联系营销部：（0411）84710711

序言

    党的十九大报告指出，经过长期努力，中国特色社会主义进入了新时代，我国社会主要矛盾已经转化为人民日益增长的美好生活需要和不平衡不充分的发展之间的矛盾。双循环新发展格局下，电子商务撬动实体经济，衍生出前所未有的新零售业态，发挥着不可或缺的促动作用。企业纷纷搭建多渠道、全渠道，多源传递产品信息，增加消费者与企业的接触点，这也产生了人民日益增长的美好消费需要与互联网渠道、实体渠道之间不平衡的矛盾。

    江苏海洋大学郭燕教授和董绍增博士所著、东北财经大学出版社出版的《消费者跨渠道购买行为形成机制研究》第二版关注新零售模式下的消费者行为新变化，创新性地引入产品属性，分析了消费者跨渠道购买行为形成机制，采用大样本有效数据，运用模拟研究法，揭示了产品属性差异下消费者跨渠道购买行为的异质性，解答了企业应如何构筑均衡发展的实体渠道和网络渠道，以满足新零售模式下人民日益增长的美好消费需要这一重大问题。

该书丰富了现有消费者行为研究，弥补了当前多渠道消费者行为研究中忽略产品属性的不足，拓宽了多渠道消费者行为理论架构，推动了消费者视角的渠道研究，为政府有关部门提供了事实基础和决策参考，为企业渠道建设、顾客保留提供了理论依据和管理建议。

全渠道零售模式下，消费者在购买决策中选择更加"聪明"的策略：一方面，先通过线上搜索产品信息再转到线下实体店进行购买（Webrooming）；另一方面，先在线下实体店进行产品体验再转到线上渠道购买（Showrooming）。该书将消费者的 Webrooming 行为和 Showrooming 行为定义为消费者跨渠道购买行为。

消费者的跨渠道购买行为对企业多渠道运营管理既是机会又是挑战。一方面，企业可以通过渠道策略，将更多的消费者汇集到本企业进行购买，提高企业运营绩效；另一方面，消费者跨渠道购买行为可能导致本企业的消费者流向其他企业进行购买，导致本企业顾客流失和运营绩效下降。

该书基于理性行为理论，着眼于网络渠道搜索传统渠道购买（Webrooming）和传统渠道搜索网络渠道购买（Showrooming）两种消费者跨渠道购买行为类型，引入产品搜索性和风险性，从消费者渠道选择出发，推演出消费者跨渠道购买行为的驱动因素，以及购买高风险搜索产品、低风险搜索产品、高风险体验产品和低风险体验产品时，消费者的搜索渠道和购买渠道选择。

该书采集了863份大样本有效数据，运用联立方程建模并求解证实了研究假设，发现网络渠道搜索传统渠道购买（Webrooming）是最普遍的消费者跨渠道购买行为类型，购买高风险搜索产品（如手机、个人电脑）时，消费者主要采用网络渠道搜索传统渠道购买；购买高风险体验产品（如服装、化妆品）时，消费者不仅采用网络渠道搜索传统渠道购买（Webrooming），而且采用传统渠道搜索网络渠道购买（Showrooming）；购买低风险搜索产品（如书、文具）时，消费者采用网络渠道搜索网络渠道购买，发生了单一渠道行为，不倾向于跨渠道购买；购买低风险体验产品（如玩具、零食）时，一定比例的消费者采用网络渠道搜索传统渠道购买行为（Webrooming）。

该书还运用模拟研究法，在模拟改变渠道属性、渠道内锁定和渠道间协同对消费者跨渠道购买行为影响的基础上，提出了鼓励或削减消费者跨渠道购买行为的具体策略。

面对当前我国人民日益增长的美好消费需要，在新零售背景下，消费者跨渠道购买是什么？它为什么会产生？购买各种产品时，都会有这种行为吗？如果不是，购买哪些产品时有消费者跨渠道购买行为？这些问题还是让我们来阅读郭燕教授和董绍增博士的《消费者跨渠道购买行为形成机制研究》第二版，共同探索和思考吧！双循环新发展格局下，"十四五"及将来，电子商务的作用不容小觑，消费者跨渠道购买行为将日益增多，他们的学术贡献必将得到进一步凸显和更广泛应用。

周梅华

于中国矿业大学南湖校区　镜湖

2021 年 11 月

第二版前言

移动渠道、社交媒体及其在线上线下的整合，带来零售环境的又一巨变，多渠道零售进入全渠道零售模式，开创和繁荣了消费者跨渠道购买行为这种新兴的购物模式。一方面，先到线上商店搜索产品信息，然后再到实体店铺购买（Webrooming），带着打印的产品目录逛街的消费者比比皆是；另一方面，先到实体店铺试用或体验，然后通过在线商店完成购买（Showrooming），"抄号"的消费者也屡见不鲜。消费者跨渠道购买行为对于企业来说既是机会又是问题。机会在于如果企业能将搜索信息渠道的顾客锁定在本企业渠道购买，不仅能够提升企业跨渠道销售的业绩，还能带动企业其他渠道产品的消费；然而，在消费者跨渠道购买过程中，企业也会流失潜在顾客，如消费者在某企业传统渠道享受试穿服务和个性化建议，却通过另一企业网络渠道完成购买。

本书针对如何引导消费者向有利于企业的渠道迁移这一现实问题，引入产品属性，基于搜索信息和产品购买两个阶段、传统渠道和网络渠道两种渠道类型，从消费者渠道选择出发，明确消费者跨渠道购买行为的三个驱动因素，通过构建渠道态度联立方程模型和渠道选择 Logit 模型，估算消费者渠道态度和渠道选择，测度了产品搜索性和风险性对消费者跨渠道购买行为的调节效应，模拟了调节渠道属性、渠道内锁定和渠道间协同策略下消费者跨渠道购买行为的改变，提出了鼓励或削减消费者跨渠道购买行为的具体策略。

研究发现，网络渠道搜索传统渠道购买（Webrooming）是最普遍的消费者跨渠道购买行为，基于渠道属性的决策机制、缺乏渠道内锁定和渠道间协同是引发该行为的主要因素；购买高风险搜索产品和高风险体验产品时，消费者跨渠道购买的比例高。购买高风险搜索产品时，消费者主要发生了网络渠道搜索传统渠道购买（Webrooming）这种跨渠道购买行为类型；购买高风险体验产品时，消费者既通过网络渠道搜索传统渠道购买（Webrooming），也通过传统渠道搜索网络渠道购买（Showrooming）。购买低风险搜索产品和低风险体验产品时，消费者主要运用某一种渠道搜索信息，购买产品。

本书传统渠道和网络渠道属性旋转成分矩阵表（表 4-19、表 4-20）中，各因子载荷为 SPSS 软件输出结果，小数点前省略了"0"；产品总体、高风险搜索产品、高风险体验产品、低风险搜索产品和低风险体验产品的渠道属性和渠道选择计算程序为 Matlab M 文件程序，在 Matlab7.5 及以上版本环境中运行，其运算过程相同，区别在于所应用公式及数据。

本书初版由郭燕著；第二版由郭燕修订第 1、2、3、5、6 章，董绍增修订第 4 章，最后由郭燕总纂定稿。

本书的写作漫长而艰辛，凝聚了著者的思考和辛劳，所幸得到了新加坡南洋理工大学 WEE CHOW HOU 教授和 Sharon NG 老师的指导，得到了江苏海洋大学吴价宝教授、纪延光教授、翟仁祥博士的大力帮助，得到了家人的全力支持，在此对他们表示由衷的感谢。

郭　燕　董绍增

2021 年 8 月

▍目录

1 绪论

1.1 问题的提出

移动渠道、社交媒体及其在线上线下的整合，带来零售环境的又一巨变（Leeflang 等，2014），多渠道零售进入全渠道零售模式。现有企业日益通过包含传统线下渠道、线上电子商务，以及日益重要的移动商务的全渠道销售商品和服务（李飞、李达军和孙亚程，2018）。全渠道零售（Omni-channel Retailing）正成为全球零售企业打造竞争优势的利器（刘平峰和谢坤英，2019），力图在商品交易的各个环节针对消费者的偏好，分别采用合适的渠道，使线上和线下的渠道形成闭环，整合、协同进行零售活动（汪旭晖、赵博和刘志，2018；刘向东等，2017）。

全渠道零售增加了顾客与企业的接触点，为顾客提供了更方便的购物渠道选择和更多样化的产品、服务选择，增强了消费者与零售商的互动性，在不同购买决策阶段追求不同的价值，集合各种渠道的优势来满足自身的购买需要，在整个交易过程中交替采用多种渠道，如线下实体店、线上网店、移动商店等进行商业活动（Verhoef 等，2007；Beck 和 Rygl，2015），进而表现出不同于单一渠道的行为特点：一方面，先到线上商店搜索产品信息，然后再到实体店铺购买（Webrooming）（Verhoef 等，2007），带着打印的产品目录逛街的消费者比比皆是；另一方面，先到实体店铺试用或体验，然后通过在线商店完成购买（Showrooming）（Mehra 等，2013），"抄号"的消费者也日益普遍。本书将消费者在购买决策中的不同阶段（如搜索信息、产品购买）运用不同渠道（如实体渠道、网络渠道）的行为，包括 Webrooming 和 Showrooming，定义为"消费者跨渠道购买行为"。

全渠道零售模式下，消费者跨渠道购买行为很普遍，如 50%~60% 的购物者在实体店使用移动设备（Richter，2013）来比较想要购买的产品（Rapp 等，2015）。此外，"线下搜索线上购买"正在增长（Neslin 等，2014），50% 的 25~34 岁消费者线下体验线上购买，60% 的线下搜索购买者改变了他们店内购买的初衷转向线上购买（Lipsman 和 Fulgoni，2012），68% 的美国消费者表明他们偶尔先逛店后网购，尤其是购买服装和鞋时（Gensler 等，2017）。跨渠道购买的消费者是企业最有价值的顾客，比单一渠道顾客花费更多，购买更多产品（Lee 和 Kim，2008；Flavian 等，2018；Schneider 和 Zielke，2020）。然而，一个重要问题是消费者购买各种产品时都有跨渠道购买行为吗？如果不是，消费者购买哪些产品时有跨渠道购买行为？如何根据产品类别来建设渠道、锁定和培养顾客忠诚成为全渠道零食企业亟待解决的重要现实问题。

当前消费者跨渠道购买行为研究大多集中在三个方面：（1）着眼实体店铺与网络商店双渠道的购买阶段探寻消费者转换渠道的外部影响因素（Verhoef 等，2007；涂红伟和周星，2011；胡正明和王亚卓，2011；吴雪和董大海，2014；肇丹丹，2015；Flavian，2016；Fernandez 等，2018；刘遗志等，2019；Dong 等，2021）；（2）聚焦消费者渠道转换行为对企业造成的负面影响（Baal 和 Dach，2005；

Herhausen 等，2015；Rapp 等，2015；Gensler 等，2017）；（3）致力于
企业应对多渠道下消费者行为的有效策略（Neslin 等，2006；Mehra
等，2013；Flavian 等，2018；郭燕，2020；Dong 等，2020）。现有研
究大都轻视了产品属性对消费者跨渠道购买行为的重要影响。事实上，
产品是消费者渠道选择首要考虑的因素（高洋和王琳雅，2016），消费
者渠道选择与产品属性有关（Thomas 和 Sullivan，2005），消费者购买
不同种类的产品时偏好不同的渠道（Lowengart 和 Tarctinsky，2001；
Dhar 和 Wertenbroch，2000；Kushwaha 和 Shankar，2013）。

基于此，本书引入产品属性，从渠道选择出发探究购买不同类型
产品时，消费者跨渠道购买行为的差异及其形成机制，为企业基于产
品类别开展渠道建设、制定顾客保留策略提供理论依据。

1.2 研究意义

1.2.1 理论意义

本书的理论意义主要体现在以下两个方面：

1. 本书拓宽了多渠道消费者行为理论架构。本书将产品属性引入
消费者跨渠道购买行为研究中，突破了大多将产品类别作为控制变量
的消费者行为研究桎梏，揭示了产品属性差异下的消费者跨渠道购买
行为异质性，拓宽了多渠道消费者行为理论架构。

2. 本书促进了消费者视角的渠道研究。本书从搜索属性与购买属性
两个维度来衡量消费者对渠道的认知，从而探查消费者搜索信息与产品
购买中转换渠道的动因，有别于大多基于企业视角的渠道学术研究。

1.2.2 实践意义

本书的实践意义主要体现在以下三个方面：

1. 为企业全面把握多渠道消费者行为规律提供理论依据。本书构
建的消费者跨渠道购买行为形成机制概念模型，有助于企业深入地了

解搜索信息和产品购买两阶段消费者渠道内在决策机制，全方位、多角度把握消费者跨渠道购买行为轨迹及驱动因素，从而全面把握多渠道消费者行为规律。

2. 为企业构筑均衡发展的全渠道提供理论指导。本书研究发现的购买不同属性产品时，消费者跨渠道购买行为程度和路径的差异及形成机制，有助于企业依据各自产品特性有目的、有重点地开拓、建设传统渠道和网络渠道，提高渠道运作效率。

3. 为企业根据产品类型有效保留顾客提供决策支持。本书提出的消费者跨渠道购买行为调节策略为多渠道企业有效调节多渠道顾客向有利于企业的渠道迁移提供了决策支持，便于企业有效保留多渠道顾客。

1.3 研究内容与框架

1.3.1 研究内容

本书以消费者跨渠道购买行为为研究对象，基于理性行为、消费者感知价值等理论推演消费者跨渠道购买行为驱动因素及作用机制，构建消费者跨渠道购买行为形成机制概念模型，提出研究假设，进行维度分析并构建数理模型，通过调查采集数据测量这些机制，检验研究假设，进而模拟驱动因素改变对消费者跨渠道购买行为的影响，并据此提出消费者跨渠道购买行为调节策略。主要研究内容是：

第一，消费者跨渠道购买行为形成机制分析及模型构建。在明确消费者跨渠道购买行为定义的基础上，以理性行为理论为基础，结合顾客感知价值理论，分析搜索信息和产品购买两阶段消费者渠道选择内在决策机制，进而基于信任转移理论推演消费者跨渠道购买行为驱动因素及作用机制，从而构建消费者跨渠道购买行为形成机制概念模型，提出研究假设，进而分析概念模型中各维度构成要素，根据联立方程模型和Logit模型的基本原理构建消费者渠道态度和消费者渠道选择数理模型。

第二，消费者跨渠道购买行为形成机制实证研究。根据消费者渠道态度和消费者渠道选择数理模型开发量表，通过问卷调查采集数据，运用SPSS19.0检验数据的信度和效度，运用Stata12.0估计消费者渠道态度和消费者渠道选择模型中各参数，运用估计结果解释每一驱动因素对消费者跨渠道购买行为的作用机制，分析产品属性的调节效应，验证研究假设。

第三，消费者跨渠道购买行为模拟与调节策略研究。运用Matlab软件模拟驱动因素改变对消费者跨渠道购买行为的影响，并据此提出调节消费者跨渠道购买行为的具体策略。

1.3.2   研究框架

本书各章节的具体安排及内容如下：

第1章：绪论。论述研究背景，界定和阐明研究的关键问题和价值所在，指出本书的研究意义，阐述主要研究内容、整体框架、技术路线和研究方法，指出创新之处。

第2章：文献综述及相关理论基础。系统总结、评述本书相关文献，论述本书理论基础。

第3章：消费者跨渠道购买行为形成机制分析及模型构建。在明确消费者跨渠道购买行为定义的基础上，以理性行为理论为基础，结合顾客感知价值理论、信任转移理论，分析消费者跨渠道购买行为驱动因素及作用机制，构建消费者跨渠道购买行为形成机制概念模型，提出研究假设，再进一步分析概念模型中各变量维度，根据联立方程模型和Logit模型的原理构建消费者渠道态度和消费者渠道选择数理模型。

第4章：消费者跨渠道购买行为形成机制实证分析。根据消费者渠道态度和消费者渠道选择模型开发量表，通过问卷调查进行数据采集，运用统计软件分析数据，估计消费者渠道态度和消费者渠道选择模型参数，运用估计结果解释每一驱动因素对消费者跨渠道购买行为的作用机制，分析产品属性的调节效应，验证研究假设。

第5章：消费者跨渠道购买行为模拟与调节策略研究。运用Matlab软件模拟驱动因素改变对消费者跨渠道购买行为的影响，并据此提出调节消费者跨渠道购买行为的具体策略。

第6章：研究结论、贡献及展望。总结全书的研究结论，阐述本书的主要贡献，指出本书的不足之处并展望未来的研究方向。

1.4 研究方法与技术路线

1.4.1 研究方法

本书采用了理论与实证研究相结合的研究方法，主要包括文献研究、理论研究、调查研究、模拟研究四种方法。

1. 文献研究：文献研究的主要目的是总结、分析前人研究成果以界定本书要研究的问题。我们广泛查阅国内外多渠道消费者行为、消费者跨渠道购买行为研究文献，总结现有研究内容、研究结论、发展趋势和研究不足，找到本书的切入点。

2. 理论研究：本书将社会学、心理学等方面的理论，包括理性行为理论、感知价值理论、信任转移理论等作为理论基础，推演搜索信息和产品购买两阶段渠道转换的驱动因素，分析其作用机制，并据此构建消费者跨渠道购买行为形成机制概念模型，提出研究假设，为后续的实证研究奠定理论基础。

3. 调查研究：调查研究是一种先利用问卷调查获取研究对象数据，然后运用统计学方法对变量进行求解的实证方法。本书基于消费者跨渠道购买行为形成机制概念模型中的研究变量，开发量表，通过问卷调查采集数据，运用Stata12.0估计消费者渠道态度联立方程模型和渠道选择Logit模型中的各参数，进一步诊断、解释和模拟消费者跨渠道购买行为。

4. 模拟研究：模拟研究是一种实验仿真方法，通过调整模型中某一自变量来查看因变量的变化轨迹。本书拟基于消费者跨渠道购买行为驱动因素制定调节策略，运用估计出的消费者渠道态度、渠道选择模型，模拟每一策略对消费者跨渠道购买行为的影响，为制定切实有效的调节策略奠定基础。

1.4.2　技术路线

本书技术路线主要遵循在现实背景和理论背景研究的基础上，找到研究缺口，进一步细化研究问题，构建概念模型，运用调查数据测量模型，在理论上取得创新的同时，为解决现实问题提供具体参考建议的研究思路，凝练了主要研究内容、研究方法，具体如图1-1所示。

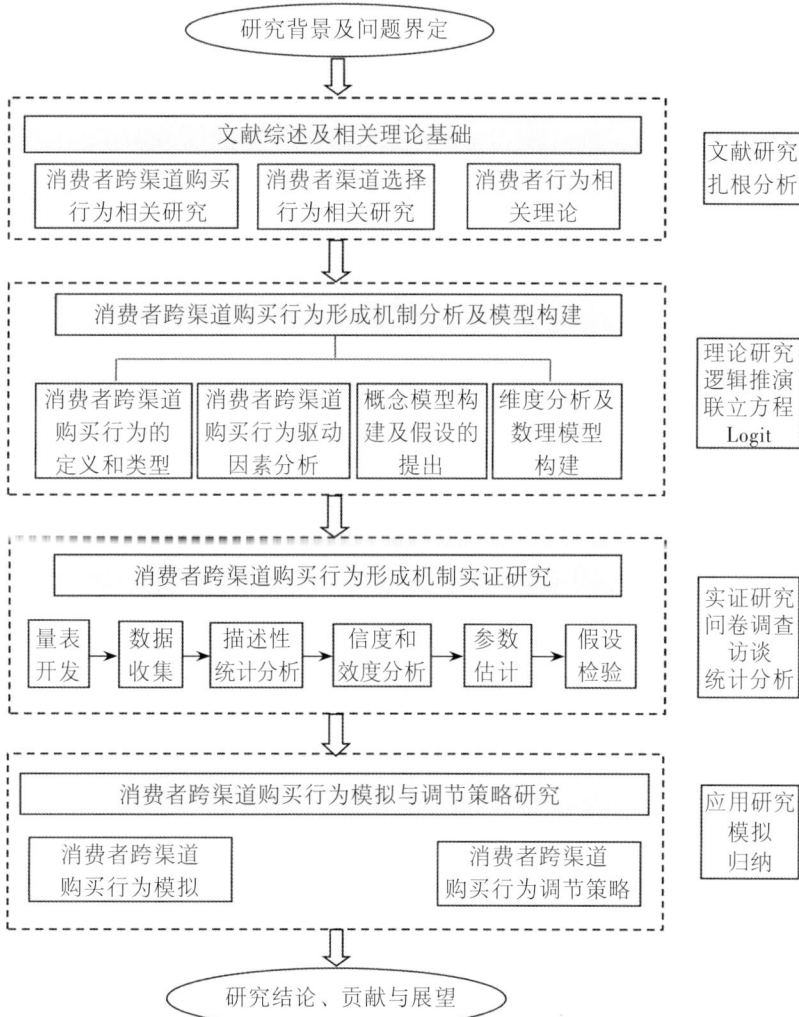

图1-1　本书技术路线

1.5   研究创新之处

本书的创新之处主要体现在以下几个方面：

第一，本书引入产品搜索性和风险性来研究消费者跨渠道购买行为形成机制，分析了购买高风险搜索产品（如手机、个人电脑）、低风险搜索产品（如书、文具）、高风险体验产品（如服装、化妆品）和低风险体验产品（如玩具、零食）时，消费者跨渠道购买行为程度和路径的差异及形成机制，揭示了产品属性差异下的消费者跨渠道购买行为异质性，改变了学者们轻视产品属性对消费者跨渠道购买行为重要影响的认识，打破了企业一概关注消费者跨渠道购买行为的积极作用而粗放增设渠道的常规观念。

第二，本书打破了多数运用结构方程模型实证研究消费者跨渠道购买行为的常规，通过构建联立方程模型并求解来表达消费者对传统渠道和网络渠道的搜索态度与购买态度以及它们之间的相互作用，揭示了搜索信息和产品购买两阶段消费者渠道态度的内在形成机制。

第三，本书通过模拟分析展现了改变驱动因素对消费者跨渠道购买行为的影响。选择高风险搜索产品下消费者渠道态度和渠道选择模型，通过数值模拟，定量展现了改变渠道属性、提升渠道内锁定和降低渠道间协同对消费者跨渠道购买行为的实际影响。

2 文献综述及相关理论基础

本章重点回顾和梳理与研究主题密切相关的国内外文献，论述本书理论基础，并进行评述，总结研究缺口，为推演消费者跨渠道购买行为形成机制提供依托。

2.1 消费者跨渠道购买行为相关研究

大部分关于消费者跨渠道购买行为的开创性研究始于21世纪初（Thomas和Sullivan，2005；Verhoef等，2007；Ansari等，2008；涂红伟和周星，2011），时至今日，消费者跨渠道购买行为的学术研究已成为国际学术界的研究热点，在顶级期刊上发表的论文数量也在迅速攀升。本书主要从以下几个方面对现有国内外文献进行回顾：

2.1.1 消费者跨渠道购买行为模式研究

Thomas和Sullivan（2005）最早提出了多渠道顾客概念，Neslin

等（2006）指出多渠道顾客管理的核心是保持顾客忠诚，Verhoef等（2007）则将其定义为研究型购物者现象，之后被国内外学者广泛提及（涂红伟和周星，2011；胡正明和王亚卓，2011；郭燕和周梅华，2014；Neslin等，2014；吴雪和董大海，2014；肇丹丹，2015；Flavian等，2016；Fernandez等，2018；刘遗志等，2019）。

Verhoef等（2007）指出研究型购物者是指运用一种渠道（如网上商店）搜索却通过另外一种渠道（如实体店铺）购买的消费者，主要包含线上搜索线下购买（Webrooming）与线下搜索线上购买（Showrooming）两种行为类型。①线上搜索线下购买（Webrooming）的相关研究。"线上搜索线下购买"是研究型购物的主要形式（Verhoef等，2007；Flavian，2016；郭燕，2016），有的学者称之为"反展厅"现象（刘遗志等，2019）。移动技术的快速发展及智能手机的普及，更提高了Webrooming的比例（Flavian，2016）。Wolny和Charoensuksai（2014）描绘了消费者使用各种不同渠道搜索信息和购买的"购物3.0"时代，通过对16位消费者购买化妆品的个人访谈和日记，将顾客旅程细分为3种：一是冲动旅程，搜索时间短，根据经验、朋友建议和产品试用迅速做出购买决策；二是平衡旅程，消费者在购买前通过各类参考群体，如朋友、博客、名人等展开广泛地搜索，证明存在Webrooming和Showrooming；三是思虑旅程，消费者通过新闻、产品评语、博客、朋友等渠道搜索产品信息，并储备至个人数据库中，产生购买需要时再使用。②先逛店后网购（Showrooming）的相关研究。先到实体店铺试用或体验，却通过在线商店购买的消费者正在增长（Mehra等，2013；Neslin等，2014）。

全渠道下，企业很难甚至不可能控制消费者在搜索和购买过程中对渠道的交替和无缝使用，购物者在实体店铺触碰产品的同时，在移动设备上搜索以获得更多信息和更有竞争力的价格，增加了多种消费者购买路线，使得展厅（Showrooming）现象更普遍（Gensler等，2017；Verhoef等，2015；Rapp等，2015），衍生出新的消费者行为类型（Santos等，2019；Schneider和Zielke，2020；郭燕，2020）。

Schneider和Zielke（2020）根据消费者采用搜索平台的不同，进一步将 Showrooming 分为移动端 Showrooming 和 PC 端 Showrooming 两种类型。

2.1.2　消费者跨渠道购买行为的影响因素研究

学者们集中于探讨渠道、零售商、产品、消费者等因素对消费者跨渠道购买行为的外部影响。

（1）渠道因素。渠道风险性（Kauffman，2009；吴泗宗和苏靖，2012；王海萍，2009）、感知有用性和感知易用性（贾雷等，2011）、信息搜索成本（Gupta，2004）、社交性、生活服务性、感知个性化和感知便利性（吴忠和唐敏，2015）、感知渠道整合和转换成本（Bansal，2005；Reardon，2015）等显著影响多渠道消费者行为意愿。基于渠道属性的决策机制、缺乏渠道内锁定和渠道间协同（Verhoef 等，2007）、线上渠道的搜索态度、线下渠道的购买态度、线上搜索感知易用性、Webroooming 的感知有用性（Arora 和 Sahney，2017，2019）等因素驱动消费者 Webrooming。

（2）零售商因素。多渠道零售商提供何种服务成为消费者判断是否搭便车的出发点，信息越对称，消费者越倾向于搭便车（曹磊和张子刚，2010）。企业营销行为（Ansari，2008）、企业内的渠道锁定、竞争对手的实体商店的感知吸引力（Chiu 等，2011），是消费者渠道转换行为的推动、拉动及阻碍因素，感知风险和感知成本使得研究型购物者从在线渠道回归离线渠道购买（刘遗志等，2019）。

（3）产品因素。产品搜索性与风险性（郭燕，2016）、涉入性与实用享乐性（Fernandez 等，2018）调节多渠道消费者行为，消费者购买不同属性产品时，跨渠道购买行为模式及程度存在明显差异。消费者跨渠道购买行为还与产品类别和产品价格相关（Thomas 和 Sullivan，2005；涂红伟和周星，2012），购买搜索性为主、产品技术变化速度快和购买频率低的产品时，消费者更容易发生跨渠道购买行为（Van 和 Dach，2005）。

（4）消费者因素。风险中立的、具有高时尚创新、高购买频率的消费者和意见领袖更倾向于转换渠道（Kumar，2006；Cho，2011），线上搜索线下购买的消费者自信心强，属于计划性购买，关注产品本身属性，不太容易受零售环境的影响（Fernandez 等，2018）。另一些学者从价格角度分析了消费者 Showrooming 的动因。价格是消费者决定 Showrooming 的关键因素（Zimmerman，2012；Bhasin，2013），产品价格越高，消费者越倾向于采用多渠道完成购买（Thomas 和 Sullivan，2005；涂红伟和周星，2012），渠道间产品质量及价格的差异是驱使消费者 Showrooming 的关键因素（Balakrishnan 等，2014；Mehra 等 2013）。非价格因素在消费者线下体验线上购买决策中发挥重要作用，实体店铺等待服务时间越短，在线搜索成本越高，购物时间越短，消费者越不愿意 Showrooming（Gensler 等，2017）。Showroomer 更多受趋势影响（享乐产业除外），他们的购物旅程是非计划的，更多关注零售商的属性，而不是产品标准（Fernandez 等，2018），信息获取、价格比较和社会互动正向影响消费者 Showrooming（Kang，2018）。

2.1.3　企业应对消费者跨渠道购买行为的策略研究

消费者跨渠道购买行为已成为企业顾客管理和制定营销策略的基础（Ansari、Mela 和 Neslin，2008；Webb 和 Kevin，2002），企业应根据消费者在多渠道环境下的行为特征引导多渠道消费行为（Neslin 和 Grewal，2006），促使消费者向有利于企业的渠道迁移（Laukkanen，2007；蒋侃和田巍，2011），调整制造商和零售商之间的交换关系和边际利润分配（Van 和 Dach，2005），科学设计、部署、评价渠道，以提升或保持它的忠诚型多渠道购买者比例并且保证它的竞争型多渠道购买者的比例（Neslin 和 Shankar，2009）。舒适取向的经济型 Showroomer 偏好使用 PC 在家购买，极易转向竞争对手企业，是需要着眼转化的顾客（Schneider 和 Zielke，2020）。提高销售人员技能（Gil，2017）、提供线上线下价格一致性保证（Bhasin，2013）、提高实体与网络渠道中的产品匹配难度（Zimmerman，2012）、对Showroomer收费（Mehra等，2013），能有效阻碍店铺体验消费者转向竞争对手企业购买，提高实体渠道利润（Rapp等，2015）。

2.2　消费者渠道选择行为相关研究

EKB模型指出消费者购买决策过程分为五个阶段：认识需要、搜索信息、评价比较、决定购买和购后感受。Hahn和Kim（2013）提出了信息搜索和产品购买两阶段模型，不少学者用搜索信息和产品购买两阶段模型来研究消费者的购买决策过程（Verhoef，2007；Balasubramanian等，2005；Van和Dach，2005；Montoyaweiss，2003），因此，本书从搜索信息和产品购买两阶段来综述消费者渠道选择行为。

2.2.1　消费者搜索渠道选择行为研究

搜索信息是购物中的一个重要方面（Ratchford，1982；Verhoef等，2007；黄韫慧，2015），无论是五阶段的EKB模型，还是两阶段的消费者购买决策模型（Hahn和Kim，2013），都将搜索信息视为消费者购买决策的必要环节，尤其在全渠道零售环境下（Neslin等，2014），更是消费者做出购买决策的基础（王丽丽等，2016）。线下与线上渠道、移动与网络平台在搜索信息阶段展现出差别化的优劣势（Verhoef等，2015；Kim等，2019）。实体渠道具有实时感知、试用商品，并在购买决策完成后能够立刻获得商品等优点（Arora和Sahney，2019；Aw，2019）；网络渠道不受时间和空间的限制，搜索成本低，信息量丰富（Verhoef等，2015；Reid等，2016）。

消费者选择最适合他们购买任务的渠道搜索信息（Vessey和Galletta，1991），在特定情境下，哪种渠道的可用性更高，消费者就倾向于选择哪一种渠道搜索（Verhoef等，2007；Arora和Sahney，2019；Aw，2019；Flavian等，2019）。消费者对电子商家的信任显著影响其对信息搜索的意愿，活跃的在线购买者更倾向于在很多网站之间穿梭（Ganesh，2010）。店铺购物者倾向于在实体店铺搜索（Konus等，2008；Ganesh，2010），而多渠道消费者联合采用线上与线下渠道搜索信息（Konus等，2008），存在基于移动设备的 Webroomer 与 Showroomer（Santos等，2019；Schneider 和 Zielke，2020）。消费者搜索阶段的信念、态度和行为影响其购买渠道选择（Patwardhan 和 Ramaprasad，2005；Verhoef等，2007；吴雪和董大海，2014），消费者信息搜索阶段的感知相对优势（信任、便利性和信息获取效率）对网络渠道选择有显著影响（Hübner等，2010）。当搜索成本是时间而不是金钱时，消费者搜索决策更倾向于忽视搜索收益的信息（尹华站等，2013），信息搜索对电子渠道购物行为有直接影响（Hahn 和 Kim，2013）。

消费者及产品特性影响搜索渠道选择。信息加工和降低不确定性驱动消费者信息搜索（Schmid 和 Axhausen，2019），个体差异如性格特征影响消费者渠道偏好（Cho 和 Workman，2015；Dholakia等，2010），消费者渠道偏好的异质性不容被忽视（Yrjola等，2018）。产品特性是消费者渠道选择中的决定性因素（Haridasan 和 Fernando，2018；Schmid 和 Axhausen，2019），如购买服装时，消费者会到实体店铺触碰、试穿；对于电子产品，则倾向于登录线上渠道，查阅制造商提供的说明书及消费者评语（Chocarro等，2013）。

2.2.2 消费者购买渠道选择行为研究

消费者更喜欢在传统商店购买鞋、牙膏、微波炉；而购买书籍、鲜花时，更喜欢在线店铺（Liang 和 Huang，1998）。每个消费者选择网络购物或实体店购物的理由都不同，即使是同一个消费者，在不同的情况下的渠道选择的理由也不同。Verhoef等（2007）、周利兵和钱慧敏（2015）、代婷等（2016）研究了消费者多阶段渠道选择意愿，消费者在进行复杂的购买行为时喜欢挑选渠道，以获取购买建议和保证（Sousa等，2015），良好的渠道沟通质量能够解决顾客在购买时的售后之忧，享受与其他顾客一起分享交流的愉悦，从而强化顾客的再购意愿。在购物搜寻阶段使用网络渠道，而在购买决策阶段和售后服务阶段使用实体渠道，能显著节约顾客的时间成本（周飞等，2017），多渠道购物使得顾客大大增加了买到中意商品的概率，降低了购买风险。

对于标准化生活用品，如鼠标、水杯、书等，通过网上展示的参数配置信息已经基本可以了解产品的全貌，因此去实体店自提商品的主动性较低，消费者采用线上支付线上取货。购买体验服务类产品如美食团购、电影票、KTV团购和机票等时，消费者采用线上支付线下取货。购买家电类产品如沙发、空调、冰箱时，消费者采用线下支付线上取货，原因有两个：一是此类产品体积较大、质量较重，需要店铺运货到家中或其他指定地点；二是由于此类产品往往涉及安装调试的问题。购买手机、照相机、珠宝等产品时，消费者采用线下支付线下取货。

2.3 消费者行为相关理论

本书主要运用理性行为理论、感知价值理论、信任转移理论来推演消费者跨渠道购买行为形成机制，下面依次论述。

2.3.1 理性行为理论

理性行为理论是研究行为意愿的重要理论，有效地解释了行为意愿由哪些因素影响，以及如何影响。社会学学者广泛应用该理论研究各种行为的行为意愿影响因素。吴幸泽基于理性行为理论研究了感知利益、感知风险对消费者对转基因技术态度的影响，研究结果表明公众对转基因玉米的感知风险显著负向影响态度和购买意愿，感知利益显著正向影响态度和购买意愿。Childers等基于理性行为理论，探讨了网站的功效性与娱乐体验对消费者态度的影响。Verhoef等基于理性行为理论，研究了多渠道环境下的研究型购物者现象。

Ajzen和Fishbein提出了理性行为理论，该理论认为个人行为基于理性，行为意图导致有意志力的行为，而行为意图又是个人对行为的态度和主观规范共同作用的结果，如图2-1所示。理性行为理论模型中包含行为意图、行为态度、主观规范等变量。行为意图指个人从事某种行为的主观概率判断，是个体采取某种行动的最重要因素。行为态度反映个人对于目标行为的正向或负向的评价，是其行为信念与结果评估的乘积。行为信念指个人对实施某项特定行为所可能导致的结果信念，结果评估指该行为产生的结果对于个人的重要程度。主观规范指个人从事某种行为所感受到的社会压力，即个人预期其社会关系群体是否同意他的行为，在理性行为理论中用规范信念与依从动机的乘积来衡量主观规范。规范信念指个人感受到社会环境中其他人或群体对其行为的期望或意见；依从动机指个人在采取某项行动时，对于其他个人或团体的依从程度。理性行为理论认为个体依靠理性形成对于特定事物的基本判断，同时个体在社会生活中会依据社会标准调整自我标准，进行权衡后才会形成行为。个人对某一行为的意图越强，则行动可能性越大；对行为的态度越正向，则行为意图越强。理性行为理论的前提假设为：（1）行为者是理性的；（2）行为者在做出行为决策时，能充分获得该行为的信息；（3）行为者在采取某种行为时会考虑该行为的价值和成本；（4）行为者采取某种行为完全是自主的。

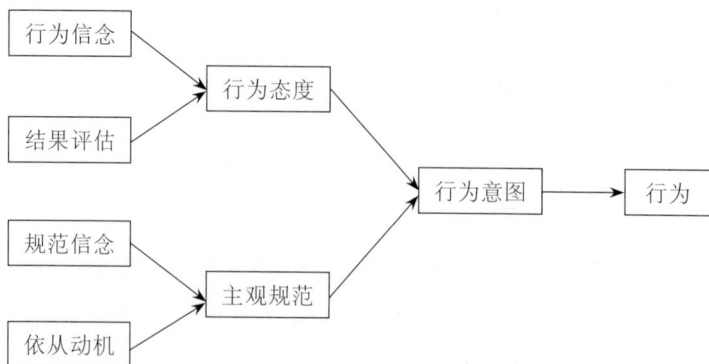

图2-1　理性行为理论模型

基于理性行为理论，网站设计、消费者特征（如年龄、性别、社会地位等个性特征）、商品特征、购买目的等都属于外部变量，只有通过行为信念、主观规范等内部心理变量才能间接影响消费者行为。Vijayasathy基于理性行为理论研究指出，产品感知、购买体验、客户服务和消费风险是共同决定消费者个体在线购买态度的四种显著信念。购买意愿可以作为消费行为的重要预测变量。购买意愿是决策行为发生前必经的过程，是消费者行为的重要预测变量，如果支付能力具备，就会形成最终的购买行为。购买意愿可以反映消费者购买行为五阶段中的购买决策阶段，此时消费者已有品牌偏好，通过搜集信息和比较评估产生购买意愿，而信息搜索又是消费者识别需求后的第一个环节，因此，消费者在信息搜寻过程中的感知价值对其购物意愿有着重要的影响。

多渠道零售环境下，消费者能够通过多种渠道更加方便地搜索信息并与企业、顾客进行双向沟通，消费者已不是产品信息的被动接受者，而是主动地去获取最能满足自己需求的产品类别信息和选择效用最大化的渠道，消费者对产品宣传和信息发布拥有较强的判断力，头脑冷静，购物更趋于理性（於志东，2012）。因此，本书基于理性行为理论分析搜索信息和产品购买两阶段消费者对传统渠道和网购渠道的选择意愿。

2.3.2 感知价值理论

顾客感知价值是消费者行为的重要预测变量，其对行为倾向的影响已得到理论和实证研究的广泛支持。感知价值指消费者所能感知到的利得与其在获取商品或服务所付出的成本进行权衡后对商品或服务效用的整体评价（符国群，2004；Kotler，2001；吴健安和聂云昆，2014；Zeitham，2013），是顾客对产品或服务的某些属性、属性的性能以及在具体情形中有助于达到其目标和意图的产品使用结果的感知偏好和评价。感知价值为感知收益与顾客成本之差。其中，感知收益指顾客期望从某一特定产品或服务中获得的一组利益，感知成本则指在评估、获得和使用该产品或服务时引起的顾客的预计费用。学术界基于感性视角和理性视角对感知价值进行了研究。感性视角的感知价值强调消费者在体验过程获得的体验价值，更多强调消费者在自我情感上的需求和欲望的满足，感性感知价值产生于互动的、相对的、偏好的体验过程中；理性视角的感知价值强调消费者的目的导向性，即假设消费者是理性人。理性行为理论分析中指出，多渠道零售环境下，消费者购物更趋于理性，因此研究中着眼于理性视角分析消费者对传统渠道、网络渠道的感知价值。

顾客感知价值影响其行为意愿，而且通过态度间接地影响行为意愿，因此，本书基于感知价值理论分析搜索信息和产品购买两阶段消费者对传统渠道、网络渠道的感知价值。

2.3.3 信任转移理论

信任转移理论被广泛用于分析消费者渠道间的转移行为。杨水清（2012）运用信任转移理论研究了消费者采纳移动渠道支付的渠道扩展行为。吴锦峰等（2014）指出消费者对线下实体渠道的高水平认知会提升顾客线上渠道感知价值，得到线下渠道支持的线上渠道更能得到顾客的信任，在传统零售商的线上商店购物时，消费者更愿意花费时间和精力获取超值的商品和服务，并享受线上购物所带来的乐趣。线下取货和提供售后服务能有效降低顾客线上感知风险，线上线下提供同水平的跨渠道服务能够有效增强顾客对线上渠道的信任。

信任可以从一个可信的客体转移到陌生的客体上，也可以从施信方熟悉的环境转移到陌生的环境中。信任转移指人们对一个领域的信任影响他们对其他领域信任感知与态度等认知的过程，是建立信任的一种机制，可以分为两种情况：渠道内信任转移和渠道间信任转移。

渠道内信任转移是指在同一渠道情境下，用户通过长时间积累起来的对一种产品或服务的信任会影响其对同渠道内另一种产品或服务的感知信任，如人们对亚马逊电子图书的信任很容易影响其新推出的电子音像的感知信任。当一个认知度高的网站链接了另一个陌生网站时，消费者对原有网站的信任可以转移到该陌生网站上，这也是一种渠道内信任转移。

渠道间信任转移是指信任从一类渠道向另一类渠道转移的过程，如用户对银行互联网渠道的信任可能会影响该用户对银行移动渠道的信任。实体渠道信息搜索影响电子渠道信息搜索，汽车零售业的实证分析显示：消费者浏览生产商网站比浏览新闻网站更倾向去搜索价格和产品信息，消费者对价格和产品信息的需求显著调节信息搜索与搜索满意之间的关系（Kuruzovich 等，2008）。消费者对银行实体渠道的满意负向影响其对使用自助服务系统的感知有用性（Falk 等，2007），当触觉接触对产品评价不重要时，消费者尤其看重其他消费者提供的信息；当接触动机强时（无论是内部的还是外部的），消费者更多依靠自己接触产品获得的信息，而不是人际关系渠道（Fernandez 等，2018）。

基于信任传递理论，多渠道零售环境下，消费者对企业某一渠道的搜索信息（购买）的信任可能会影响其对该企业该渠道购买（搜索信息）的信任，或其对该企业其他渠道搜索信息（购买）的信任，因此，本书将信任转移理论用于解释消费者搜索信息和购买过程中的渠道选择行为。

2.3.4 消费者行为模式

消费者行为模式主要包括完整系统模型、认知评价模型、态度形成模型、理性购买模型和随机购买模型等，在实证研究中，多以完整系统模型来描述消费者购买决策过程。完整系统模型主要有 3 个：Nicosia 模型、Howard-Sheth 模型和 EBM 模型。Nicosia 模型认为消费者购买决策过程包含 4 个阶段：（1）根据厂商透露的信息形成态度；（2）信息搜集与方案评估；（3）购买行动；（4）信息反馈。Howard-Sheth 模型将满意度概念应用于消费理论上，认为消费者决策过程是一个认知过程。EBM 模型认为消费者的购买决策过程包括需要认知、信息搜寻、选择性估价、购买和购买后评价5个阶段，具体如图2-2所示。需要认知指消费者感受到实际状态与自我愿望之间的差别，内部和外部的刺激对需要认知有促进作用；信息搜寻指消费者通过各种信息源主动搜索相关产品和服务信息来满足购买需求；选择性估价指消费者基于设定的准则对搜集到的产品信息进行比较和评价；购买指消费者基于评价结果做出购买决策，购买过程包括下订单、支付、配送和签订保证书等；购买后评价指消费者评价购买后使用的产品或服务，并通过各种途径表达自己的购买体验和使用感受。EBM模型假定消费者是理性的，对预测很有用，几乎可以解释任何情境中的研究结果。

需要认知 → 信息搜寻 → 选择性估价 → 购买 → 购买后评价

图2-2　EBM模型

多渠道环境下，消费者行为模式存在信息搜索和产品购买的路径差异，具体表现为离线（实体）和在线（网络）两种路径的复合，形成了4种主要的消费者渠道选择行为模式，其中有两种发生了渠道转换：在线搜索离线购买、离线搜索在线购买。电子商务环境下，消费者的决策过程并未发生本质改变，EBM模型仍具有适用性，可以此为基础进行拓展（Teo和Yeong，2003；李双双等，2006）。Hahn和Kim提出了信息搜索和产品购买两阶段模型。第一阶段，消费者浏览大量有用的商品，并从中找出一些最有希望的选择；第二阶段，更深入地评价这些选择，在一些重要品质上进行对比，做出购买决策，并指出消费者对电子商家的信任显著影响其对信息搜索的意愿，而消费者信息搜索对消费者的电子渠道购物行为有直接影响，如图2-3所示。

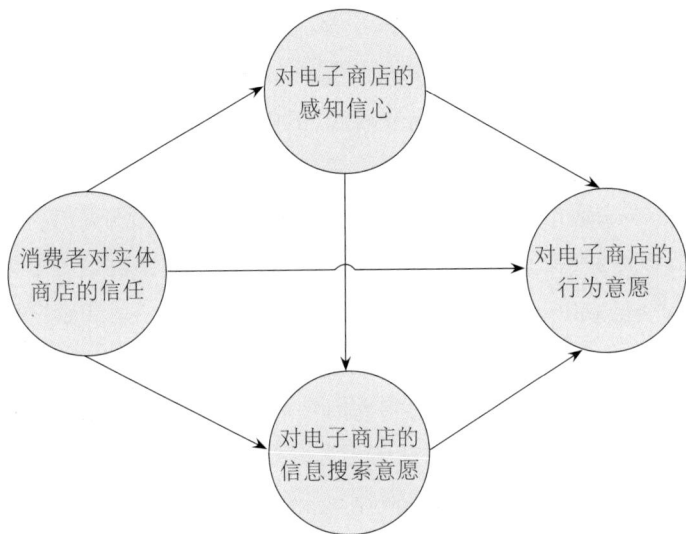

图 2-3　Hahn 和 Kim 的信息获取与产品购买两阶段模型

2.4　相关研究评述

总体来看，消费者跨渠道购买行为是一个重要的研究领域，学术界主要基于理性行为、计划行为、技术接受模型等理论对实体与网络双渠道下消费者购买中转换渠道的影响因素进行研究，这些研究成果证实了渠道整合、线上搜索优势与线下购买优势驱动消费者线上搜索线下购买（Webroooming）、线上产品价格优势使得消费者线下体验线上购买（Showrooming），提出一些价格及非价格因素并提出应对策略来减轻消费者跨渠道购买行为对企业造成的负面影响，开始注意到消费者特性及产品特性差异下消费者渠道选择存在异质性，为本书引入产品属性探寻消费者跨渠道购买行为形成机制提供了依据。但是，鲜有基于产品属性视角，系统探索消费者跨渠道购买行为形成机制的理论框架，不能为全渠道背景下企业基于不同产品属性的相关顾客制定精准营销策略提供足够的理论支撑。

全渠道零售下，有人聚焦实体店铺购物者（线下搜索线下购买）

和网络渠道购物者（线上搜索线上购买）（Konus 等，2008），也有人关注研究型购物者（线上搜索线下购买（Webroomer）和线下搜索线上购买（Showroomer））（Verhoef 等，2007），还有人关注基于移动端的 Webroomer 和 Showroomer（运用移动设备线上搜索）（Santos 等，2019；Schneider 和 Zielke，2020）。购买不同属性产品时，消费者跨渠道购买行为是否不同？由于消费者购买过程中付出的努力程度依赖于产品属性（Girard 等，2002；韦斐琼等，2017），通常情况下，当产品重要、相关、昂贵时，消费者倾向于付出更多购买努力。购买高涉入产品（如服装）时，消费者倾向于运用线上和线下渠道广泛搜索产品价格、品类等信息以做出最优购买决策（Celsi 和 Olson，1988；Frasquet 等，2015）；购买低涉入产品（如矿泉水）时，消费者倾向于在便利店快速购买。因此，需要引入产品属性来探寻消费者跨渠道购买行为形成机制。

2.5 本章小结

本章论述了本书的理论基础，回顾总结了国内外消费者跨渠道购买行为和消费者渠道选择行为相关文献，并进行了评述，找到了研究缺口，进一步厘清了本书创新之处，为推演消费者跨渠道购买行为形成机制提供了理论依托和文献依据。

3 消费者跨渠道购买行为形成机制分析及模型构建

本章在文献综述的基础上，对消费者跨渠道购买行为形成机制进行分析，并构建模型。首先，明确界定消费者跨渠道购买行为的定义和类型；其次，基于理性行为理论、感知价值理论、信任转移理论等分析消费者跨渠道购买行为驱动因素；再次，在明确驱动因素的基础上，构建概念模型，分析驱动因素对消费者跨渠道购买行为的作用机制，提出研究假设；最后，进一步分析概念模型中各变量维度构成，并据此构建消费者跨渠道购买行为形成机制数理模型。

3.1 消费者跨渠道购买行为的定义和类型

分析消费者跨渠道购买行为的形成机制，首先应明确消费者跨渠道购买行为的定义，进而界定消费者跨渠道购买行为的类型。

3.1.1 消费者跨渠道购买行为的定义

消费者跨渠道购买行为是消费者做出购买决策之前反复地在零售商的不同渠道（比如杂货店、产品目录、互联网等）之间做出选择的动态过程，这一过程发生在消费者的整个购买决策阶段（Thomas 和 Sullivan，2005）。Verhoef 等（2007）将从事跨渠道购买的消费者定义为"研究型购买者"，并指出研究型购买者在一个渠道（如互联网）中搜集产品信息、进行同类产品比较，然后通过其他渠道（如实体店）购买产品。涂红伟和周星（2011）将消费者跨渠道购买行为定义为消费者渠道迁徙行为，并指出消费者渠道迁徙行为是指消费者从在线（离线）渠道向离线（在线）渠道的转移过程，这一过程不仅包括消费者在在线购买渠道和离线购买渠道之间的迁徙，而且包括消费者在信息搜索渠道与购买渠道之间的迁徙。

基于学者们的研究，本书界定的消费者跨渠道购买行为是指多渠道零售环境下，消费者基于利益最大化原则，在购买决策过程的不同阶段运用不同渠道的行为。搜索信息和决定购买是消费者购买决策过程中的两个关键阶段，尤其在线上搜索线下购买（Webrooming）和线下搜索线上购买（Showrooming）时（Ratchford，1982；Verhoef 等，2007；Montoya-Weiss 等，2003；Balasubramanian 等，2005）。因此，本书基于搜索信息和购买两个阶段研究消费者跨渠道购买行为。

当前，消费渠道可分为传统渠道（如实体店铺）、线上渠道（如网络商店）和移动渠道（如移动端 App）（李飞、李达军和孙亚程，2018）。传统店铺渠道和网络渠道是多种渠道组合的最主要形式，学者们普遍着眼于传统渠道和网络渠道研究了多渠道消费者行为（Verhoef 等，2007；涂红伟和周星，2011），移动渠道具有线上渠道的多数特征，被认为是网络购物的补充，而不是直接选择（Ozok 和 Wei，2010），是网络渠道的类型之一。因此，本书着眼于传统渠道和网络渠道两种渠道类型来研究消费者跨渠道购买行为。传统渠道主要指便利店、超市、专业店、专卖店、百货大楼等常见的实体零售渠道，网络渠道指消费者能够通过计算机、手机或移动终端连接进行购物的线上零售渠道。

综上，本书针对搜索信息和购买两个阶段，基于传统渠道和网络渠道两种渠道类型来研究消费者跨渠道购买行为。

3.1.2　消费者跨渠道购买行为的类型

消费者在信息搜索和购买两个阶段，对于传统渠道和网络渠道两种渠道类型，可以采取4种模式来做出购买决策：网络渠道搜索网络渠道购买（简写为 SI-PI）、网络渠道搜索传统渠道购买（简写为 SI-PS）、传统渠道搜索网络渠道购买（简写为 SS-PI）和传统渠道搜索传统渠道购买（简写为 SS-PS）。其中，网络渠道搜索传统渠道购买和传统渠道搜索网络渠道购买在搜索信息和购买中转换了渠道，是消费者跨渠道购买行为，所以，在信息搜索和购买两个阶段，在传统渠道和网络渠道两种渠道类型下，消费者跨渠道购买行为分为两种：网络渠道搜索传统渠道购买和传统渠道搜索网络渠道购买。[①]

综上，消费者跨渠道购买行为包含网络渠道搜索传统渠道购买（Webrooming）和传统渠道搜索网络渠道购买（Showrooming）两种类型。

总之，本书界定：消费者跨渠道购买行为指传统渠道和网络渠道并存的多渠道环境下，消费者基于利益最大化原则，在搜索信息和购买阶段运用不同渠道的行为，包含网络渠道搜索传统渠道购买和传统渠道搜索网络渠道购买两种类型。

3.2　消费者跨渠道购买行为驱动因素分析

本节在上述消费者跨渠道购买行为定义的基础上，剖析驱动消费

[①]　SI-PS 在有些外文文献中也被称为 Webrooming（Verhoef 等，2007；Flavián 等，2019；Shankar，2021），SS-PI 在有些外文文献中也被称为 Showrooming（Mehra 等，2013；Gensler 等，2017；Kang，2018；Li 等，2020；Fiestas 和 Tuzovic，2021）。本书中，我们在需要区分的地方用括号标注了英文，未标注的就是两种英文都可以。

者跨渠道购买的因素，为分析消费者跨渠道购买行为形成机制奠定基础。消费者跨渠道购买行为的实质是消费者在搜索信息和购买过程中转换了渠道，因而，本书从搜索和购买渠道选择出发探究消费者转换渠道的动因。

3.2.1 依托理论

全渠道零售模式下，消费者全面使用计算机、手机、互联网等科技手段获取信息，线上线下比价，理性计算商品实际价格，横向比较后再决定购买，呈现出更加理性的特点（於志东，2012；Verhoef等，2007）。因此，本书基于理性行为理论推演消费者跨渠道购买行为驱动因素。

3.2.2 消费者搜索渠道选择和购买渠道选择

理性行为理论指出，态度是一种评价对事物喜欢程度的心理倾向，态度越强烈，行为出现的可能性就越大（Ajzen，1969）。态度决定行为，是解释行为必不可少的前提变量，可以有效地解释采用意图，尤其是基于理性行为理论模型（张红涛和王二平，2007）。

因此，本书提出：消费者渠道搜索态度影响消费者搜索渠道选择，消费者渠道购买态度影响消费者购买渠道选择。

全渠道情境下，消费者明确消费目标后，理性地全方位感知、对比各渠道属性，然后进行渠道决策。他们在搜索信息和产品购买两个阶段的渠道选择取决于在这两个阶段从渠道中获取的效用大小，而这些效用又取决于在这两个阶段付出的成本和获得的利益，因此，消费者进行渠道决策时，会对付出的成本和获得的利益进行评估，并倾向于采用效用最大化的渠道。因此，本书提出：消费者对渠道属性的感知影响消费者渠道态度，渠道属性可分为搜索属性（如搜索信息的难度）和购买属性（如获得产品的速度），搜索属性影响搜索态度，购买属性影响购买态度。

3.2.3 驱动消费者渠道转换的因素分析

传统渠道与网络渠道有其各自的优势和劣势，网络渠道具有价格低、便利性和多选择性等优势，可以为顾客带来节省时间、节约成本、操作方便以及购买稀有产品等利益，但也存在风险高、退换货难等劣势；传统渠道具有风险低、产品质量高、提供与店员的人际沟通和个性化服务等优势，但也存在产品价格高、搜索成本高等劣势。通过线上搜索信息比线下搜索省钱（Verhoef 等，2007），更快、节省时间、效率更高（Jang 等，2017）。全渠道零售下，消费者具有丰富的渠道知识，了解不同渠道的差异性，能够在购买决策的不同阶段理性选择最适合的渠道（於志东，2012）。网络渠道的搜索优势和传统渠道的购买优势，驱动消费者选择网络渠道搜索，却通过传统渠道购买，从而跨渠道购买。

因此，本书提出："基于渠道属性的决策机制"驱动消费者跨渠道购买行为。

消费者轻点鼠标即可从一家网站转换到另一家网站，而在传统渠道中，消费者走出一家实体店铺要难得多，要考虑销售人员和其他顾客等人际因素。有数据显示：89%的消费者在网络上搜索产品信息，而在搜索渠道发生的实际交易少于7%（Statista，2016）。缺乏渠道内锁定，使得消费者有可能在搜索信息时转换渠道，为跨渠道购买提供了机会。

因此，本书提出："缺乏渠道内锁定"驱动消费者跨渠道购买行为。

全渠道战略无缝连接和整合了消费者线上线下购物旅程（Yadav 和 Pavlou，2014），网络零售商提供实体零售店的地址，或允许顾客在线预订产品，而在店内自取，寻求与传统渠道的优势互补和协同发展。如苏宁易购的"线上线下同品同价"，多种渠道的产品协同、价格协同等整合性为消费者在搜索信息和购买时转入不同渠道提供了便利。渠道间的协同性提高了信息透明度，降低了消费者感知不确定性

（Grewal 等，2003；Brynjolfsson 等，2013），增强了顾客信任，使得购物者得到更多快乐（Konus 等，2008），感受到高度选择自信（Flavian 等，2016），促进了消费者跨渠道购买行为。

因此，本书提出："渠道间协同"驱动消费者跨渠道购买行为。

渠道的感知效用不是固定不变的，它会根据消费者所购买的产品而出现变化，从而形成不同的渠道选择，如消费者偏好线上购买书、个人电脑等搜索产品，对于体验产品如服装、香水和珠宝，却常在实体店铺购买（Kushwaha 和 Shankar，2013）。消费者购买过程中付出努力程度依赖产品属性（Girard 等，2002；韦斐琼等，2017）。当产品重要、相关、昂贵时，消费者倾向于付出更多购买努力，努力获得额外线上产品信息来降低购买风险，随之转向实体渠道确认（Flavian 等，2016）。购买不同属性产品时，消费者对同一渠道的感知存在差异，会形成不同的渠道态度和渠道选择，产生差异化的跨渠道购买行为类型。

搜索产品和体验产品在消费者购买前获取产品质量信息努力水平上不同（Nelson，1970，1974），在营销文献中常被用于产品分类（Huang 等，2009），不少在线研究以搜索型和体验型分析了产品属性的调节效应（Kushwaha 和 Shankar，2013；Zhang 等，2014；郭燕等，2018）。产品风险性影响消费者渠道选择（Kushwaha 和 Shankar，2013），购买高风险产品时，消费者愿意付出更多购买努力，倾向于广泛搜索产品价格、品类等多种信息以做出最优购买决策（Celsi 和 Olson，1988；Frasquet 等，2015）。消费者偏好多渠道，获得线上线下渠道提供的互补利益（Voorveld 等，2016）。购买低风险产品时，消费者偏好单一渠道。

因此，本书提出：产品搜索性和风险性调节消费者跨渠道购买行为。

综上，消费者跨渠道购买行为驱动因素指促使消费者在搜索信息和购买阶段转换渠道的因素，这些因素包括基于渠道属性的决策机制、缺乏渠道内锁定和渠道间协同，产品属性调节消费者跨渠道购买行为。

3.3　概念模型构建及假设提出

本节在驱动因素分析基础上搭建消费者跨渠道购买行为形成机制概念模型，进而分析驱动因素对消费者跨渠道购买行为的作用机制，提出研究假设。

3.3.1　消费者跨渠道购买行为形成机制概念模型

根据上节消费者跨渠道购买行为界定和驱动因素分析，本书搭建的概念模型如图3-1所示。概念模型中区分了搜索选择和购买选择两个变量，这两种行为不是相互独立的，消费者可以选择同一种渠道完成搜索信息和购买或选择一种渠道搜索信息却选择另一种渠道购买。根据前文中的界定，本书中消费者搜索渠道和购买渠道分别有两个选择：传统渠道和网络渠道。消费者搜索和购买两阶段的渠道选择包含网络渠道搜索网络渠道购买（SI-PI）、网络渠道搜索传统渠道购买（SI-PS）、传统渠道搜索网络渠道购买（SS-PI）和传统渠道搜索传统渠道购买（SS-PS），其中SI-PS（Webrooming）和SS-PI（Showrooming）是消费者跨渠道购买行为的两种类型。

正如所有的理性行为理论模型一样，属性感知驱动态度，从而影响行为。消费者对渠道搜索属性的感知影响消费者渠道搜索态度，消费者渠道搜索态度影响消费者渠道搜索选择；消费者对渠道购买属性的感知影响消费者渠道购买态度，消费者渠道购买态度影响消费者渠道购买选择。本书从3个方面拓展了这个框架：第一，消费者传统渠道搜索态度直接影响其传统渠道购买态度，同样，消费者传统渠道购买态度直接影响其传统渠道搜索态度，网络渠道亦然，这称为渠道内锁定，如图3-1所示，用实线双箭头表示。第二，消费者传统渠道搜索或购买态度影响其网络渠道搜索或购买态度，同样，网络渠道搜索或购买态度影响其传统渠道搜索或购买态度，这称为渠道间协同，如图3-1所示，用虚线双箭头表示。第三，引入产品搜索性与风险性。

购买不同搜索性、风险性的产品时，消费者感知渠道搜索属性和购买属性不同，从而形成差异化的搜索态度和购买态度，进而形成差异化的搜索选择和购买选择。

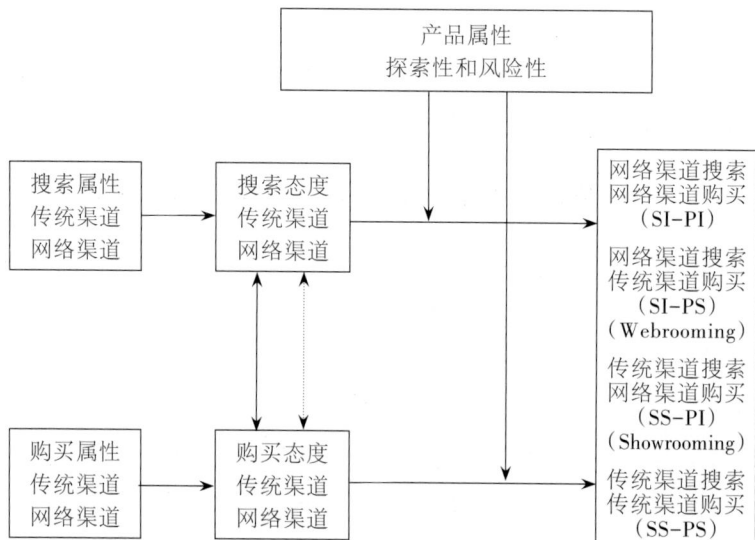

注：◄───►表示渠道内锁定；◄┄┄┄►表示渠道间协同。

图3-1 消费者跨渠道购买行为形成机制概念模型

本书中，渠道内锁定具体包含4个方面：传统渠道搜索态度对传统渠道购买态度的影响、传统渠道购买态度对传统渠道搜索态度的影响、网络渠道搜索态度对网络渠道购买态度的影响、网络渠道购买态度对网络渠道搜索态度的影响，在图3-1中用实线双箭头表示。渠道间协同具体包含8个方面：传统渠道搜索态度对网络渠道购买态度的影响、网络渠道购买态度对传统渠道搜索态度的影响、网络渠道搜索态度对传统渠道购买态度的影响、传统渠道购买态度对网络渠道搜索态度的影响、传统渠道搜索态度对网络渠道搜索态度的影响、网络渠道搜索态度对传统渠道搜索态度的影响、传统渠道购买态度对网络渠道购买态度的影响、网络渠道购买态度对传统渠道购买态度的影响，在图3-1中用虚线双箭头表示。

本书中将渠道内锁定和渠道间协同定义为正向的。渠道内锁定的含义是消费者对传统（网络）渠道搜索态度越积极，对传统（网络）渠道购买态度也越积极。渠道间协同的含义是消费者对传统（网络）渠道搜索或购买态度越积极，对网络（传统）渠道搜索或购买态度也越积极。然而，效应也可能证明是负向的。例如，对传统渠道搜索或购买态度越积极，对网络渠道搜索或购买态度越消极；渠道间协同的负面影响不太明显，通过一种渠道搜索而在另一种渠道购买往往是不令人满意的，例如，服装企业的网站与实体店铺区别管理，在网上销售衬衫、鞋、裤子，而在实体店铺销售男装和女装，使消费者网上搜索实体店铺购买产生困惑，这是负面渠道间协同的例子，也表明渠道是替代的。

渠道内锁定和渠道间协同在本书中有重要的作用，解释了态度和不同行为之间的内在原因。理论基础扎根于态度的文献研究，已有的文献表明，如果态度 A 本质上承担了一种决定态度 B 的角色，态度 A 能够引起态度 B。例如，关于广告（Aad）和品牌（Abd）的态度文献表明，广告是一个品牌评价的决定因素。照此推理，对履行一种行为的态度（如通过渠道 A 搜索信息），会影响对履行另一种行为的态度（如通过渠道 A 购买，或通过渠道 B 搜索信息）。渠道 A 搜索态度对渠道 A 购买态度的影响程度和渠道 A 购买态度对渠道 A 搜索态度的影响程度称为渠道内锁定，例如，渠道 A 作为搜索渠道的吸引力是提升渠道 A 作为一种购买渠道吸引力的一个因素。同样，消费者对渠道 A 的搜索态度会影响其对渠道 B 的购买态度，这称为渠道间协同，渠道 A 作为一个搜索渠道的吸引力提升了消费者选择渠道 B 购买的吸引力。

3.3.2 假设的提出

1.驱动因素的作用机理

（1）基于渠道属性的决策机制

传统渠道与网络渠道在便利性、风险性等方面存在较大的差异。

① 渠道的便利性。网络渠道的便利性优于传统渠道，消费者在

网上比网下有更多的控制权，网络渠道购物更节省时间。随着中国无线网络的普及和智能手机的广泛应用，网络渠道能够实现随时触达，而且不受地域限制，消费者可以随时随地通过网络渠道搜索产品信息和购买；而传统渠道覆盖和辐射范围局限于一定区域内，有固定的营业时间。

② 渠道的风险性。网上购物比在店内购物能知觉到更高的风险。消费者认为传统渠道产品质量高、售后服务好、个人信息资料安全，更值得信任；而网络渠道存在产品质量、售后服务以及安全性得不到保障等风险，尤其是在直播间、双 11 等集中销售时。中国电子商务投诉与维权公共服务平台监测数据显示，网络零售十大被投诉问题依次为：质量问题、售后服务、退款难、发货迟缓、退换货难、不发货、网络售假、网络诈骗、订单取消、虚假发货。

③ 渠道的产品价格。实体渠道的人员服务成本和运营成本高于网络渠道，因而产品售价往往高于网络渠道。如 100 家公司针对网络购物者的调查显示，45.4% 的消费者认为网络渠道产品价格低；一项对于书和 CD 的调查显示，网络渠道售价比实体渠道售价低 9%~16%。

④ 渠道的转换成本。网络渠道的转换成本低于实体渠道，顾客走出一家实体店的概率远小于顾客链接到另外的网站，网络零售商不能单独对服务进行收费，也不能有效区分哪些顾客会跨渠道购买，消费者可以轻易地在网络渠道搜索信息中转换渠道。

⑤ 渠道的特殊属性。实体店提供了与店员的人际沟通，可以提供个性化的服务；网络渠道能够有效保留顾客的购买历史记录，并能跟踪进行个性化产品推荐，提供了与顾客的实时沟通。

在全渠道零售下，消费者综合分析与判断传统渠道和网络渠道价值，仔细评价渠道属性，理性整合多渠道，做出搜索和购买渠道选择。网络渠道不受时空限制等便利性使得消费者认为网络渠道搜索属性优于传统渠道，而传统渠道中真实产品的陈列和销售人员的面对面个性化服务极大降低了消费者感知风险，使得消费者认为传统渠道的购买属性优于网络渠道，故而，消费者网络渠道搜索信息，却通过传统渠道购买。因此，本书提出：网络渠道搜索属性上的优势与传统渠道购买属性上的优势会导致消费者通过网络渠道搜索信息而在传统渠道购买。

（2）缺乏渠道内锁定

由图3-1可知，渠道内锁定指同一渠道中消费者搜索态度与消费者购买态度之间的相互影响，具体体现为：消费者对传统（网络）渠道搜索态度越积极，对传统（网络）渠道的购买态度也越积极；消费者对传统（网络）渠道购买态度越积极，对传统（网络）渠道的搜索态度也越积极。根据信任转移理论，渠道内存在信任转移，用户长时间积累起来的对一种渠道产品或服务的信任会影响其对该渠道另一种产品或服务的信任（林家宝等，2010），如人们对亚马逊电子图书的信任会增强人们对亚马逊新推出的电子音像制品的信任。因此，消费者在某一渠道的搜索（购买）态度会积极影响其对该渠道的购买（搜索）态度。渠道锁定性越强，消费者越会采用同一渠道搜索和购买，不会发生跨渠道购买。然而，如果一种渠道缺乏锁定性，即消费者对此渠道的高搜索态度不能明显地转变为对此渠道的高购买态度，消费者将通过另一渠道购买，发生跨渠道购买行为。因此，本书提出：缺乏渠道内锁定会引发消费者跨渠道购买行为。

（3）渠道间协同

由图3-1可知，渠道间协同指不同渠道之间，消费者搜索态度和购买态度之间的相互影响，具体表现为：消费者对传统（网络）渠道搜索或购买的态度越积极，对网络（传统）渠道的搜索或购买态度也越积极。根据信任转移理论，渠道间也存在信任转移。消费者对实体商店的信任能够直接或间接影响线上初始信任（林家宝等，2010），消费者先前线下体验对零售商品牌建立的信任，会推动他们在该零售商的网站上购买产品，故而，消费者对某一渠道的搜索态度会提升其对另一渠道的购买态度。首先，通过一种渠道搜集信息而在另一渠道完成购买能获得经济利益，例如，通过网络渠道搜集产品价格信息，增强了消费者传统渠道的议价能力，有助于消费者做出最佳选择；其次，从心理学视角看，通过一种渠道搜集信息而在另一渠道完成购买会使消费者更自信（Flavian等，2016），认为自己是聪明的购买者（Verhoef等，2007），提升了自我形象。因此，本书提出：渠道间协同会引发消费者跨渠道购买行为。

综上，本书提出：

假设1：基于渠道属性的决策机制、缺乏渠道内锁定和渠道间协同驱动消费者跨渠道购买行为。

2.产品属性的调节作用

本书选取搜索性与风险性来研究产品属性对消费者跨渠道购买行为的调节作用。搜索产品指消费者在购买前能够根据相关信息判断其质量的产品，如U盘、电脑显示器、厨房纸等。消费者对搜索产品的评价主要建立在产品客观属性（即具体的、有形的功能型属性）上，消费者依赖外部资源所获信息（Kim等，2019）。体验产品指消费者只有在试用或购买后才能评价质量的产品，如服装、食品、护肤品等。对于体验产品，消费者往往以主观感受评判为主，更多依赖个人评估（Kim等，2019）。产品风险性指消费者在购买该产品过程中对不确定性和不利后果的全面感知。每一产品同时具有多种属性，需要考虑搜索性和风险性的交互作用，本书中分为高风险搜索产品、低风险搜索产品、高风险体验产品、低风险体验产品4种。

前人研究已经评估了搜索产品通过网络渠道销售的可行性，如Dholakia和Chiang（2003）研究指出，搜索产品比体验产品更适合线上销售；对于消费者跨渠道购买行为，提出产品搜索性越强，消费者越会在购买前通过网络渠道搜索产品信息。线上渠道在搜索信息方面有很大优势，随着免费无线网络和智能手机的日益普及，消费者可以在一天中的任何时间和任何地点获得信息，还能够享受购物经验的免费分享等。另外，实体店铺等传统渠道通过展示、人员服务、个性化推荐等提供了真实的购物体验，便于消费者评估产品质量（Van Baal和Dach，2005）。因此，产品体验性越强，消费者越会在购买前通过传统渠道搜索信息。

在传统渠道陈列的产品，消费者感知的不确定性最低（Gensler 等，2017；Kang，2018；Li et 等，2020）。对于购买过程中的感知风险，网络渠道相比于传统渠道，接收产品的等待时间和可能的时间不一致，被消费者认为是高风险渠道（Vogel 和 Paul，2015）。当消费者需要购买昂贵的、高风险的、复杂的或对自己有特殊意义的产品时，他们更偏好通过人际接触以获得更充分的信息来帮助决策（Kushwaha 和 Shankar，2013）。因此，消费者偏好在传统渠道购买高风险产品。另外，低购买风险提高了消费者选择网络渠道购买的意愿。

（1）高风险搜索产品

购买高风险搜索产品时，搜索性使得消费者偏好在购买前选择网络渠道搜索，而高风险性使得消费者偏好采用传统渠道购买（Aw，2020；Kushwaha 和 Shankar，2013；Vogel 和 Paul，2015），从而产生网络渠道搜索传统渠道购买。因此，本书提出：

假设 2：购买高风险搜索产品时，消费者倾向网络渠道搜索传统渠道购买（SI-PS）（Webrooming）。

（2）低风险搜索产品

网络渠道为顾客提供了大量方便获取的信息（Flavián 等，2019；Yadav 和 Pavlou，2014）。购买低风险搜索产品时，消费者倾向网络渠道搜索网络渠道购买，这与搜索产品消费者偏好网络渠道和低风险性消费者偏好采用一种渠道完成搜索和购买相匹配。因此，本书提出：

假设 3：购买低风险搜索产品时，消费者倾向网络渠道搜索网络渠道购买（SI-PI）。

（3）高风险体验产品

购买高风险体验产品时，高风险性和体验性使得消费者倾向传统渠道搜索传统渠道购买。已有研究表明：传统渠道具有店员的面对面服务、可以直接触碰商品、个性化推荐、购物享乐、社会互动等优势（Verhoef 等，2007；Fiestas 和 Tuzovic，2021）。因此，本书提出：

假设4：购买高风险体验产品时，消费者倾向传统渠道搜索传统渠道购买（SS-PS）。

（4）低风险体验产品

购买低风险体验产品时，体验性使消费者倾向传统渠道购买，而低风险属性使得消费者倾向采用一种渠道搜索和购买来简化购物流程，提高购物效率，因此，消费者会通过传统渠道搜索传统渠道购买（SS-PS）。同时，线上产品有价格低廉、送货到家等优势（Flavián等，2016），也会吸引消费者线下体验后转向线上购买（SS-PI）（Showrooming）。因此，本书提出：

假设5：购买低风险体验产品时，消费者倾向传统渠道搜索网络渠道购买（SS-PI）（Showrooming）或传统渠道搜索传统渠道购买（SS-PS）。

3.4 维度分析及数理模型构建

为验证研究假设，本节基于消费者跨渠道购买行为形成机制概念模型，进一步分析模型中变量维度构成，从而构建消费者跨渠道购买行为形成机制数理模型。

3.4.1 概念模型维度分析

维度分析的目的是明确概念模型中每一变量的构成维度，为构建消费者跨渠道购买行为形成机制数理模型奠定基础。概念模型指出，消费者对渠道搜索（购买）属性的感知决定了消费者的渠道搜索（购买）态度，从而决定了消费者的渠道搜索（购买）选择，因此，维度分析的第一步是分析渠道搜索属性和购买属性的构成维度。

根据感知价值理论，消费者感知根据渠道的具体属性和属性所实现的结果形成感知价值，是能觉察到的渠道利益与渠道成本间的差异。渠道利益指提供丰富有效的信息、方便购买等为顾客提供的好处，正向影响消费者渠道态度；渠道成本指等待时间、使用成本、信息泄露等给顾客带来的耗费，负向影响消费者渠道态度（Verhoef等，2007）。因此，本书从利益和成本两个方面来分析渠道搜索属性和渠道购买属性的构成维度。我们将搜索利益（如信息有效性）和搜索成本（如搜索努力）作为搜索态度的前置变量，将购买利益（如购买便利性）和购买成本（如购买风险）作为购买态度的前置变量。没有直接将属性和购买联系起来的原因有3个：第一，理性行为理论的核心是属性对选择的影响是受到消费者对渠道整体态度调节的；第二，与其他关于渠道的研究一致，实体店铺属性如店铺氛围和分类影响顾客价值感知，紧接着影响渠道的惠顾意愿；第三，选择变量包含信息量比区间度量态度变量少，这样能更准确地测量属性信念的影响。

1. 渠道搜索属性构成要素

搜索便利性、品种丰富性和社会互动性是渠道搜索属性，影响消费者渠道搜索行为（Verhoef等，2007）。搜索便利性是指消费者通过渠道能够方便地搜索产品信息，不用考虑营业时间，可以根据自己的时间和空间灵活安排，同时能够获取所需要的产品详细信息；品种丰富性指渠道中是否有最新的、丰富的、高质量的产品品类和流行的品牌及类型；社会互动性包含消费者与顾客和企业的交流，传统渠道中消费者通过观察、聊天、咨询产品信息，寻求个性化建议等方式与企业销售人员和在场顾客发生面对面的社会互动，网络渠道中消费者通过在线平台咨询、谈判等与企业客服人员进行社会互动，通过查看、评论、发布产品评语等方式与顾客进行社会互动。搜索便利性、品种丰富性和社会互动性等搜索属性在很大程度上影响消费者在渠道中搜索信息的数量和质量。

搜索相关产品信息的活动会给消费者带来一定的搜索成本，搜索成本是指消费者在获取产品相关信息过程中所花费的时间和精力（尹华站，2013）。施圣炜和黄桐城（2005）将搜索成本划分为两部分：一部分是调查不同的商店以及了解商品的价格、质量和性能所需要的时间成本；另一部分是现实支出的成本，如购买购物指南的费用、交通费用等。传统渠道中消费者有交通成本、时间成本等搜索成本，而网络渠道则为消费者带来风险成本、产品邮寄费用等。

网络渠道相比于传统渠道，具有搜索信息的优势，主要体现在以下3个方面：（1）信息获取成本低。互联网给消费者提供了大量免费的信息源，大大降低了消费者获取信息的时间成本和交通成本。（2）信息获取便捷性高。消费者几乎可以随时随地通过网络获得需要的信息。（3）信息资源丰富。网络渠道不受陈列空间的限制，产品数量多、品种丰富。

综上，本书认为渠道搜索属性包含信息有效性、搜索便利性、品种丰富性、社会互动性和搜索努力共5个维度。信息有效性指消费者在渠道中获取产品信息数量、质量和方便比较选择的程度；搜索便利性指消费者获得产品信息的方便性和速度；品种丰富性指消费者对产品数量、质量和新颖性的感知；社会互动性指消费者在渠道中与顾客和企业交流的方便性；搜索努力指消费者在渠道中获取产品和服务信息的难度和耗费的时间、金钱。其中，信息有效性、搜索便利性、品种丰富性和社会互动性为消费者在渠道中获取的搜索利益，搜索努力为消费者在渠道中付出的搜索成本，各指标及其具体含义见表3-1。虽然有的学者提到传统渠道给消费者带来了逛街休闲的乐趣、网络渠道给消费者带来了一键式购物的乐趣，但这着重强调了购物过程中的享乐性，而且社会互动性从某种程度上也反映了消费者搜索信息过程中的享乐因素，因此本书未将享乐性作为渠道搜索属性的一个独立构成要素。

表3-1 渠道搜索属性构成要素

搜索属性构成要素	渠道特征	渠道特征内涵
搜索利益	信息有效性	消费者获取产品信息数量、质量和方便比较选择的程度
	搜索便利性	消费者获得产品信息的方便性和速度
	品种丰富性	消费者对产品数量、质量和新颖性的感知
	社会互动性	消费者与顾客和企业交流的方便性
搜索成本	搜索努力	消费者获取产品和服务信息的难度和耗费的时间、金钱

2.渠道购买属性构成要素

顾客购买前会全面评估每种渠道的购物利益和购物成本，挑选一个较优的组合以最大化购物利益，同时最小化购物成本。Kim（2002）认为渠道收益包含感觉体验、社会互动、便利和顾客服务，渠道成本包含金钱、时间和所付出的能量。胡正明和王亚卓（2011）研究指出渠道成本包含风险性和交易成本，渠道收益包含服务质量和便利性。高洋和王琳雅（2016）用渠道便利性、渠道使用成本和渠道风险性描述了渠道购买特性。Verhoef 等（2007）指出在实体店与他人一起购物休闲和在网络商店独立选择的享乐性，以及促销水平是渠道购买属性的重要构成维度。

网络渠道相比于传统渠道，具有购后等待时间长、缺乏实物体验、送货不及时等特征（张应语等，2015），提高了顾客的购买成本；而传统渠道直接触碰产品、面对面店员服务等优势极大降低了消费者感知不确定性，增强了顾客购买意愿。因而，消费者一般认为传统渠道购买属性优于网络渠道。

综上，本书认为渠道购买属性包含服务质量、购买便利性、谈判可能性、促销水平、享乐性、购买努力、购买风险和产品价格共8个维度。服务质量指消费者在购买过程中对渠道所提供服务的感知；购买便利性指消费者在渠道中购买产品的效率、便利性和速度；谈判可能性指消费者对产品价格和其他方面谈判的可能性；促销水平指消费者对促销频率和有效性的感知；享乐性指消费者对购买过程中娱乐性和舒适性的感知；购买努力指消费者购买产品时克服的困难和付出的时间成本；购买风险指消费者购买产品时感知到的不确定性；产品价格指消费者对渠道中产品价值和价格水平的认知。其中，服务质量、购买便利性、谈判可能性、促销水平和享乐性为消费者在渠道中获取的购买利益，购买努力、购买风险和产品价格为消费者在渠道中付出的购买成本，各指标及其具体含义见表3-2。

表3-2 渠道购买属性构成要素

购买属性 构成要素	渠道特征	渠道特征内涵
购买利益	服务质量	消费者对购买过程中渠道所提供服务的感知
	购买便利性	消费者在渠道中购买产品的效率、便利性和速度
	谈判可能性	消费者对产品价格和其他方面谈判的可能性
	促销水平	消费者对促销频率和有效性的感知
	享乐性	消费者对购买过程中娱乐性和舒适性的感知
购买成本	购买努力	消费者购买产品时克服的困难和付出的时间成本
	购买风险	消费者购买产品时感知到的不确定性
	产品价格	消费者对渠道中产品价值和价格水平的认知

3.其他变量的构成要素

消费者人口统计特征包括年龄、性别、受教育程度等，是市场营销学中最常用的细分变量（Schiffman 和 Kanuk，2011）。网上消费者大都受教育程度较高、年轻且收入水平高（於志东，2012），中国互联网络信息中心选取性别、年龄、学历、收入等人口统计特征调查消费者网络购物应用情况。因此，本书最终选择性别、年龄、学历和地区作为统计变量，没有选择"收入"的原因是，本书中所选取产品类别均为常见的产品品类，没有高档奢侈品，收入不是影响消费者购买这些产品的主要因素；增加"地区"变量的原因是农村和城市的消费者对网络购物应用情况存在差异。

综上，本书中搜索选择、购买选择为因变量，搜索态度为搜索选择的自变量，购买态度为购买选择的自变量。搜索属性为搜索态度的前置变量，共包含5个指标。其中，信息有效性、搜索便利性、品种丰富性和社会互动性为搜索利益，搜索努力为搜索成本。购买属性为购买态度的前置变量，共包含8个指标。其中，服务质量、购买便利性、谈判可能性、促销水平、享乐性为购买利益，购买努力、购买风险、产品价格为购买成本。产品属性分为搜索性与风险性两个维度，为搜索态度和购买态度的调节变量；消费者特征分为性别、年龄、学历和地区4个维度，为搜索态度和购买态度的控制变量。

3.4.2 消费者跨渠道购买行为形成机制数理模型

本书基于联立方程模型的基本原理构建消费者搜索态度和消费者购买态度数理模型，根据二元Logit模型的基本原理构建消费者搜索选择和消费者购买选择数理模型。

1.消费者渠道态度数理模型

渠道内锁定指同一渠道搜索态度对购买态度的影响及购买态度对搜索态度的影响。渠道间协同指某一渠道搜索态度对另一渠道购买态度的影响或某一渠道购买态度对另一渠道搜索态度的影响，也包含某一渠道搜索态度对另一渠道搜索态度的影响以及某一渠道购买态度对另一渠道购买态度的影响。

单个方程回归模型中，单个因变量Y是一个或多个解释变量X的函数，如果Y和X之间存在任何因果关系，那么隐含的假设是因果关系的方向是从X到Y的。但在某些情况下，Y和X变量间存在反馈关系，部分X影响Y的同时，Y反过来也影响一个或多个X，这就需要建立考虑变量间反馈关系的联立方程模型。

消费者对某一渠道的搜索态度会影响其对另一渠道的搜索态度，对某一渠道的购买态度也会影响消费者对该渠道和另一渠道的搜索态度，因此存在变量间的反馈关系，需要构建联立方程模型。搜索态度模型中，搜索态度既是自变量又是因变量，在模型中同时出现，购买态度也是搜索态度的自变量。同理，消费者对某一渠道的购买态度影响其对另一渠道的购买态度，对某一渠道的搜索态度也会影响消费者对该渠道和另一渠道的购买态度，因此购买态度模型也为联立方程模型。购买态度模型中，购买态度既是自变量又是因变量，在模型中同时出现，搜索态度也是购买态度的自变量。

构建联立方程模型，首先要确定内生变量和外生变量，内生变量指那些值由模型本身决定的变量，外生变量指那些值不是由模型决定的变量。通过前述分析可知，搜索属性影响搜索态度，购买属性影响购买态度，产品搜索性和风险性为消费者搜索态度和购买态度的调节变量，消费者人口统计特征为渠道搜索态度和购买态度的控制变量，因此，本书构建了搜索态度和购买态度为内生变量，搜索属性（X）、购买属性（W）、消费者特征（V）、产品属性为外生变量的两个同步模型。消费者特征（V）包含年龄、性别、学历和地区等，产品属性分为搜索性产品（U）和风险性产品（R）产生消费者评价每一渠道的情景。最终的搜索态度和购买态度模型如公式（3-1a）和公式（3-1b）所示：

$$Search_{ij'} = \alpha^{sj'} + \sum_{j \neq j'} \gamma_j^{sj'} Search_{ij} + \sum_j \omega_j^{sj'} Purchase_{ij} + \sum_k \beta_k^{sj'} X_{ij'k} +$$
$$\sum_d \varphi_d^{sj'} V_{id} + \sum_c \kappa_c^{sj'} U_{ijc} + \sum_c d_c^{sj'} R_{ijc} + \varepsilon_{ij'}^s \qquad \text{公式（3-1a）}$$

$$Purchase_{ij'} = \alpha^{pj'} + \sum_j \gamma_j^{pj'} Search_{ij} + \sum_{j \neq j'} \omega_j^{pj'} Purchase_{ij} + \sum_k \beta_k^{pj'} W_{ij'k} +$$
$$\sum_d \varphi_d^{pj'} V_{id} + \sum_c \kappa_c^{p'} U_{ijc} + \sum_c d_c^{p'} R_{ijc} + \varepsilon_{ij'}^p \qquad \text{公式（3-1b）}$$

其中：$X_{ij'k}$ 表示消费者 i 对 j' 渠道搜索属性 k 的感知；

$W_{ij'k}$ 表示消费者 i 对 j' 渠道购买属性 k 的感知；

V_{id} 表示消费者 i 特征 d 的值；

U_{ijc} 表示产品搜索性的哑变量，当消费者 i 对渠道 j 的评价是购买搜索产品时，该变量取值为 1，否则为 0；

R_{ijc} 表示产品风险性的哑变量，当消费者 i 对渠道 j 的评价是购买高风险产品时，该变量取值为 1，否则为 0；

$Search_{ij}$ 表示消费者 i 对渠道 j 的搜索态度；

$Purchase_{ij}$ 表示消费者 i 对渠道 j 的购买态度；

$\varepsilon_{ij'}^s$ 表示搜索态度误差项，假设服从多元正态分布，假设项目间的误差是独立的，但方程间的误差是相关的；

$\varepsilon_{ij'}^p$ 表示购买态度误差项，假设服从多元正态分布，假设项目间的误差是独立的，但方程间的误差是相关的。

渠道内锁定指传统（网络）渠道搜索（购买）态度对传统（网

络）渠道购买（搜索）态度的影响。渠道间协同指传统（网络）渠道搜索（购买）态度对网络（传统）渠道（搜索）购买态度的影响。在联立方程模型中用 γ 和 ω 表示传统渠道和网络渠道的锁定性以及它们之间的协同性。

注意：搜索属性（X）出现在搜索态度公式（3-1a）中，但购买态度公式（3-1b）中没有，购买属性（W）出现在购买态度公式（3-1b）中，但搜索态度公式（3-1a）中没有。虽然渠道购买属性可能会影响消费者下一次通过该渠道搜索的意愿，但本书仅考虑消费者单次购买行为，基于消费者购买决策过程理论和消费者购物实际，消费者先搜索信息后购买，因而，未将购买属性列入公式（3-1a）中。当然，购买属性对消费者搜索意愿的影响是个有趣的话题，值得进一步探讨。这使得模型容易被识别，因为每个方程中排除了几个外生变量。某一特定渠道的误差项和渠道间的误差项彼此相关。

下面分别对搜索态度模型公式（3-1a）和购买态度模型公式（3-1b）进行详细阐释。

（1）搜索态度模型阐释

公式（3-1a）是某一渠道 j' 的搜索态度模型，模型中参数特指渠道和搜索态度。例如，$\gamma_j^{sj'}$ 反映消费者对于 j 渠道搜索态度对 j' 渠道搜索态度的影响。注意：公式（3-1a）中的搜索态度之和不包括消费者对 j' 渠道搜索态度对 j' 渠道搜索态度的影响。模型中 γ 和 ω 反映搜索态度中渠道间协同和渠道内锁定的影响。例如，公式（3-1a）中包括消费者对 j' 渠道购买态度对于 j' 渠道搜索态度的影响（$\omega_{j'}^{sj'}$），这是渠道内锁定的一种形式。另外，与跨渠道购买更加有关联的是消费者对 j 渠道购买态度对 j' 渠道搜索态度的影响，用 $\omega_j^{sj'}$ 表示。当 j 不等于 j' 时，其他的 γ 和 ω 系数表示渠道间协同的不同形式。例如，$\gamma_j^{sj'}$ 表示消费者 j 渠道搜索态度对 j' 渠道搜索态度的影响。

根据前文中对渠道类型的界定，模型中渠道类型 j 有传统渠道和网络渠道两个取值，因此共有两个方程，用"1"表示传统渠道，用

"2"表示网络渠道；传统渠道搜索态度方程如公式（3-1a-1）所示，网络渠道搜索态度方程如公式（3-1a-2）所示。

$$Search_1 = \alpha^{s1} + \gamma_2^{s1}Search_2 + \omega_1^{s1}Purchase_1 + \omega_2^{s1}Purchase_2 +$$
$$\beta_1^{s1}X_{11} + \beta_2^{s1}X_{12} + \beta_3^{s1}X_{13} + \beta_4^{s1}X_{14} + \beta_5^{s1}X_{15} + \qquad \text{公式（3-1a-1）}$$
$$k_1^{s1}U + d_1^{s1}R + \phi_1^{s1}V_1 + \phi_2^{s1}V_2 + \phi_3^{s1}V_3 + \phi_4^{s1}V_4 + \varepsilon_1^{s}$$

$$Search_2 = \alpha^{s2} + \gamma_1^{s2}Search_1 + \omega_1^{s2}Purchase_1 + \omega_2^{s2}Purchase_2 +$$
$$\beta_1^{s2}X_{21} + \beta_2^{s2}X_{22} + \beta_3^{s2}X_{23} + \beta_4^{s2}X_{24} + \beta_5^{s2}X_{25} + \qquad \text{公式（3-1a-2）}$$
$$k_1^{s2}U + d_1^{s2}R + \phi_1^{s2}V_1 + \phi_2^{s2}V_2 + \phi_3^{s2}V_3 + \phi_4^{s2}V_4 + \varepsilon_2^{s}$$

传统渠道搜索态度模型中，γ_2^{s1}表示网络渠道搜索态度对传统渠道搜索态度的影响，属于渠道间协同的一种形式。ω_2^{s1}表示网络渠道购买态度对传统渠道搜索态度的影响，属于渠道间协同的另一种形式。ω_1^{s1}表示传统渠道购买态度对传统渠道搜索态度的影响，属于渠道内锁定的一种形式。

网络渠道搜索态度模型中，γ_1^{s2}表示传统渠道搜索态度对网络渠道搜索态度的影响，属于渠道间协同的一种形式。ω_1^{s2}表示传统渠道购买态度对网络渠道搜索态度的影响，属于渠道间协同的另一种形式。ω_2^{s2}表示网络渠道购买态度对网络渠道搜索态度的影响，属于渠道内锁定的一种形式。

综上，搜索态度模型中，包含两种形式的渠道内锁定，分别用ω_1^{s1}和ω_2^{s2}表示；包含4种形式的渠道间协同，分别用γ_2^{s1}、ω_2^{s1}、γ_1^{s2}和ω_1^{s2}表示。

（2）购买态度模型阐释

公式（3-1b）是某一渠道j′的购买态度模型，模型中参数特指渠道和购买态度。例如，$\omega_j^{pj'}$反映消费者对于j渠道的购买态度对j′渠道购买态度的影响。注意：公式（3-1b）中的购买态度之和不包括消费者对j′渠道购买态度对j′渠道购买态度的影响。模型中γ和ω反映购买态度中渠道间协同和渠道内锁定的影响。例如，公式（3-1b）中包括消费者对j′渠道搜索态度对于j′渠道购买态度的影响，这是渠道内锁定的一种形式（$\gamma_j^{pj'}$）。另外，与跨渠道购买更加有关联的是消费者对 j′ 渠道搜索态度对 j′ 渠道购买态度的影响，用 $\gamma_{j'}^{p_{j'}}$ 表示。当 j 不等于 j′ 时，其他的 γ 和 ω 系数表示渠道间协同的不同形式。例如，$\gamma_{j}^{p_{j'}}$ 表示消费者通过 j 渠道搜索信息 j′ 渠道购买的渠道间协同。

根据前文中对渠道类型的界定，模型中渠道类型 j 有传统渠道和网络渠道两个取值，因此共有两个方程，用"1"表示传统渠道，用"2"表示网络渠道；传统渠道搜索态度方程如公式（3-1b-1）所示，网络渠道搜索态度方程如公式（3-1b-2）所示。

$$Purchase_1 = \alpha^{p1} + \gamma_1^{p1}Search_1 + \gamma_2^{p1}Search_2 + \omega_2^{p1}Purchase_2 +$$
$$\beta_1^{p1}W_{11} + \beta_2^{p1}W_{12} + \beta_3^{p1}W_{13} + \beta_4^{p1}W_{14} + \beta_5^{p1}W_{15} + \beta_6^{p1}W_{16} + \quad \text{公式（3-1b-1）}$$
$$k_1^{p1}U + d_1^{p1}R + \phi_1^{p1}V_1 + \phi_2^{p1}V_2 + \phi_3^{p1}V_3 + \phi_4^{p1}V_4 + \varepsilon_1^{p}$$

$$Purchase_2 = \alpha^{p2} + \gamma_1^{p2}Search_1 + \gamma_2^{p2}Search_2 + \omega_1^{p2}Purchase_1 +$$
$$\beta_1^{p2}W_{21} + \beta_2^{p2}W_{22} + \beta_3^{p2}W_{23} + \beta_4^{p2}W_{24} + \beta_5^{p2}W_{25} + \beta_6^{p2}W_{26} + \quad \text{公式（3-1b-2）}$$
$$k_1^{p2}U + d_1^{p2}R + \phi_1^{p2}V_1 + \phi_2^{p2}V_2 + \phi_3^{p2}V_3 + \phi_4^{p2}V_4 + \varepsilon_2^{p}$$

传统渠道购买态度模型中，γ_1^{p1} 表示传统渠道搜索态度对传统渠道购买态度的影响，属于渠道内锁定的一种形式。γ_2^{p1} 表示网络渠道搜索态度对传统渠道购买态度的影响，属于渠道间协同的一种形式。ω_2^{p1} 表示网络渠道购买态度对传统渠道购买态度的影响，属于渠道间协同的另一种形式。

网络渠道购买态度模型中，γ_2^{p2} 表示网络渠道搜索态度对网络渠道购买态度的影响，属于渠道内锁定的一种形式。γ_1^{p2} 表示传统渠道搜索态度对网络渠道购买态度的影响，属于渠道间协同的一种形式。ω_1^{p2} 表示传统渠道购买态度对网络渠道搜索态度的影响，属于渠道间协同的另一种形式。

综上，购买态度模型中，包含两种形式的渠道内锁定，分别用 γ_1^{p1} 和 γ_2^{p2} 表示；包含4种形式的渠道间协同，分别用 γ_2^{p1}、ω_2^{p1}、γ_1^{p2} 和 ω_1^{p2} 表示。

2.消费者渠道选择数理模型

前述分析表明：消费者渠道选择为渠道态度的因变量，包含搜索选择和购买选择两种类型。搜索态度为搜索选择的自变量，购买态度为购买选择的自变量；搜索态度和购买态度的取值为连续变量，搜索选择和购买选择的取值是离散变量。

当因变量只能取有限多个离散的值，而不是连续变量时，如消费者对于购买渠道的选择为传统渠道或网络渠道，以这样的决策结果作为被解释变量建立起来的计量经济模型，被称为离散选择模型（Discrete Choice Model）。离散选择模型中，在两个可供选择的方案中选择其一，此时，被解释变量只能取两个值，称为二元选择模型。二元选择模型的目的是研究具体给定特征的个体做某种选择而不做另外一种选择的概率。Logit模型有两个必要条件：（1）随着解释变量的值的变化，概率估计值X_i永远不超出0-1这个区间；（2）P_i和X_i之间的关系是非线性的，即"随着X_i变小，概率趋于零的速度越来越慢；而随着X_i变得很大，概率趋于1的速度越来越慢"。

因而，本书基于Logit模型的基本原理，构建了消费者搜索选择模型、消费者购买选择模型，下面逐一阐释。

（1）消费者搜索选择模型

消费者搜索选择模型反映消费者某一渠道搜索态度是否转化为其对该渠道的搜索选择。消费者搜索选择为因变量，其可能值是传统渠道或网络渠道，是离散变量；而自变量消费者搜索态度是连续变量。因而，消费者搜索选择模型为二元Logit模型。虽然在实际生活中消费者可以选择一个以上的渠道来搜索信息，如果消费者同时选择两种渠道搜索信息，假设购买渠道为网络渠道，则该种多渠道行为仍为传统渠道搜集信息网络渠道购买的跨渠道购买行为路径，因为根据消费者跨渠道购买行为的定义，消费者网络渠道搜集信息网络渠道购买，没有转换渠道，不属于跨渠道购买行为。同理，消费者同时选择传统渠道和网络渠道搜索信息、传统渠道购买的多渠道行为实质为消费者网络渠道搜索信息传统渠道购买的跨渠道购买行为。因此，本书中将消费者搜索选择定义为二元Logit模型。

搜索选择模型将搜索态度转化为消费者是否选择该渠道来搜索信息。我们运用二元Logit模型，是因为消费者只能选择一种渠道来搜索产品信息。定义 Y_{ij}^* 为潜变量，表示顾客 i 选用 j 渠道搜索产品信息的整体效用。如果顾客 i 选用 j 渠道搜索产品信息，$Searchchoice_{ij}$ 的取值为 1，否则为 0。二元 Logit 模型如下：

$$Y_{ij}^* = \psi_{oj} + \psi_{1j}Search_{ij} + \eta_{ij} \qquad\qquad 公式（3-2a）$$

$$Searchchoice_{ij} = \begin{cases} 1 & 如果\ Y_{ij}^* > 0 \\ 0 & 其他 \end{cases} \qquad\qquad 公式（3-2b）$$

参数 ψ_{oj} 是特定渠道的常数项，表示渠道的平均偏好；而 ψ_{1j} 表示一位顾客对某渠道的搜索态度对搜索行为的影响。假设 η_{ij} 是独立的，服从正态分布。

研究中有传统渠道和网络渠道两种类型，因此消费者搜索选择模型有两个，如公式（3-2a-1）和公式（3-2a-2）所示。两个模型中各变量右下标第二位数字"1"表示传统渠道，"2"表示网络渠道。

$$Y_{i1}^* = \psi_{o1} + \psi_{11}Search_{i1} + \eta_{i1} \qquad\qquad 公式（3-2a-1）$$

$$Y_{i2}^* = \psi_{o2} + \psi_{12}Search_{i2} + \eta_{i2} \qquad\qquad 公式（3-2a-2）$$

（2）消费者购买选择模型

购买选择模型反映消费者对该渠道购买态度是否转化为选择该渠道来购买产品，消费者只能选择一种渠道来购买产品。因变量购买选择为传统渠道或网络渠道，是离散变量；自变量购买态度是连续变量。购买选择模型也被定义为二元 Logit 模型。

因为消费者只能选择一种渠道来购买产品。定义 R_{ij}^* 为潜变量，表示顾客 i 选用 j 渠道购买产品的整体效用。如果顾客 i 选用 j 渠道购买产品，$Searchchoice_{ij}$ 的取值为 1，否则为 0。二元 Logit 模型如下：

$$R_{ij}^* = \theta_{oj} + \theta_{1j}Purchase_{ij} + \mu_{ij} \qquad\qquad 公式（3-3a）$$

$$Purchasechoice_{ij} = \begin{cases} 1 & 如果\ R_{ij}^* = Max(R_{im}^*) \\ 0 & 其他 \end{cases} \qquad\qquad 公式（3-3b）$$

参数 θ_{oj} 是特定渠道的常数项，表示渠道的平均偏好；而参数 θ_{1j} 表示一位顾客对某渠道的购买态度对购买行为的影响。假设 μ_{ij} 是独立的，服从正态分布。

研究中有传统渠道和网络渠道两种类型，因此消费者购买选择模型有两个,如公式(3-3a-1)和公式(3-3a-2)所示。两个模型中各变量右下标第二位数字"1"表示传统渠道,"2"表示网络渠道。

$$R_{i1}^* = \theta_{o1} + \theta_{11}Purchase_{i1} + \mu_{i1} \qquad 公式(3-3a-1)$$

$$R_{i2}^* = \theta_{o2} + \theta_{12}Purchase_{i2} + \mu_{i2} \qquad 公式(3-3a-2)$$

3.5 本章小结

本章界定了消费者跨渠道购买行为的定义,指出消费者跨渠道购买行为是指多渠道零售环境下,消费者基于利益最大化原则,在购买决策过程的不同阶段运用不同渠道的行为,并明确指出本书基于传统与网络两种渠道类型研究消费者购买决策过程的两个关键阶段:搜索信息和产品购买。

第一,分析了消费者跨渠道购买行为包含两种类型:传统渠道搜索信息网络渠道购买和网络渠道搜索信息传统渠道购买。

第二,分析了消费者跨渠道购买行为驱动因素。基于理性行为理论,从消费者搜索渠道选择和购买渠道选择出发,分析消费者转换渠道的动因,推演出消费者跨渠道购买的驱动因素:基于渠道态度的决策机制、缺乏渠道内锁定、渠道间协同,并指出购买不同属性产品时,消费者跨渠道购买行为存在差异,产品搜索性和风险性对消费者跨渠道购买行为具有调节作用。

第三,构建了消费者跨渠道购买行为形成机制概念模型。根据分析出的驱动因素,构建了消费者跨渠道购买行为形成机制概念模型。基于信任转移等理论分析了基于渠道属性的决策机制、缺乏渠道内锁定、渠道间协同对消费者跨渠道购买行为的作用机制;基于前人文献和推理演绎分析了产品搜索性和风险性对消费者跨渠道购买行为的调节作用,提出了研究假设。

第四,对概念模型进行维度分析并构建了数理模型。基于消费者跨渠道购买行为形成机制概念模型,详细、深入阐释了概念模型中相关概念的内涵及构成维度,并据此构建了渠道态度联立方程模型,还分别对搜索态度模型和购买态度模型进行了详细阐释；基于 Logit 模型的基本原理，构建了渠道选择数理模型，并分别对搜索选择模型和购买选择模型进行了详细阐释。

4 消费者跨渠道购买行为形成机制 实证分析

本章在第3章所构建的4个数理模型基础上，首先进行量表开发，然后运用所开发量表开展市场调查采集数据，进而对采集的数据进行描述性统计分析、信度和效度分析，最后运用Stata12.0软件估计消费者搜索态度模型、购买态度模型、搜索选择模型、购买选择模型中各参数。

4.1 量表开发

本书将概念模型中的变量转换成系列问项来测量理论模型，遵循问卷设计的一般原则和步骤进行量表开发。首先，基于大量文献研究提取各变量的测量指标，由于大多数测项来自英文文献，邀请2位博士生对问项进行了双向互译，充分讨论了有歧义的问项；其次，通过小规模访谈法对各变量测量指标进行初步测试，并根据专家的反馈意见对量表进行修正和完善，形成初始调查问卷；再次，将初始调查问卷在103名有过网上购物经历的在校大学生中进行预测试，并根据小样本信度、效度分析结果重新修订了部分题项；最后，经过反复修正，形成了本书的正式调查问卷。

4.1.1　变量的操作定义及测量

基于前文研究，待测量的变量包括渠道属性、消费者渠道态度、消费者渠道选择、产品类别和消费者人口统计特征5个方面，下面逐一分析。

1.渠道属性的测量

渠道属性的测量包含搜索属性和购买属性两个方面，搜索属性包含信息有效性、搜索便利性、品种丰富性、社会互动性和搜索努力5个指标，购买属性包含服务质量、购买便利性、谈判可能性、促销水平、享乐性、购买努力、购买风险和产品价格8个指标，共13个指标。如前所述，由于大多数测项来自英文文献，我们邀请2位博士生对问项进行了双向互译，充分讨论了有歧义的测项，最后确定了具体的问项，下面分别进行分析。

根据前文中的研究，搜索属性包括搜索利益和搜索成本。信息有效性、搜索便利性、品种丰富性和社会互动性属于搜索利益，搜索努力属于搜索成本。信息有效性的测量参考了 Alba 等（1997）、Hoque 和 Lohse（1999）、Ratchford 等（2001）等的量表，设计了4个问项；搜索便利性的测量参考了 Hoque 和 Lohse（1999）、Childers 等（2001）的量表，设计了2个问项；品种丰富性的测量参考了 Kunkel 和 Berry（1968），Samli、Kelly 和 Hunt（1998），Yoo、Park 和 Maclnnes（1998），Baker 等（2002）的量表，设计了5个问项；社会互动性的测量参考了 Kim（2002）等的量表，设计了2个问项；搜索努力的测量参考了 Baker 等（2002）、Ratchford 等（2013）、Kang、Herr 和 Page（2003）等的量表，共2个问项，考虑到与搜索收益量表方向的一致性，测量问项也设计为正向的，具体为"通过该渠道搜索信息耗费时间少""通过该渠道搜集产品信息很简单"。因而，搜索属性共包含5个指标、15个测量问项，见表4-1。

表4-1　　　　　　　　　渠道属性测量指标、问项及来源

渠道属性			量表	量表来源
搜索属性	搜索利益	信息有效性	我通过该渠道能获得很多产品信息	Alba 等（1997），Hoque 和 Lohse（1999），Ratchford 等（2001）
			该渠道产品信息质量高	
			我能够容易地在该渠道对产品比较选择	
			我能够容易地在该渠道比较产品价格	
		搜索便利性	我能在一天中的任何时间通过该渠道获得产品信息	Hoque 和 Lohse（1999），Childers 等（2001）
			通过该渠道获取产品信息速度快	
		品种丰富性	该渠道产品种类丰富	Kunkel 和 Berry（1968），Samli、Kelly 和 Hunt（1998），Yoo、Park 和 MacInnes（1998），Baker 等（2002）
			该渠道有最新的产品品种	
			该渠道有最流行的产品品牌和种类	
			在该渠道我能买到高质量的产品	
			通过该渠道我能买到适合我需要的产品	
		社会互动性	我在该渠道能方便地与顾客交流	Kim（2002）
			我在该渠道能方便地与企业互动	
	搜索成本	搜索努力	通过该渠道搜索产品信息很耗时	Baker 等（2002），Ratchford 等（2013），Kang、Herr 和 Page（2003）
			通过该渠道搜集产品信息很复杂	

续表

渠道属性			量表	量表来源
购买属性	购买利益	服务质量	该渠道能得到优良的产品服务	Baker 等（2002），Homburg、Hoyer 和 Fassnacht（2002），Montoya - Weiss 等（2003）
			该渠道能得到有益的产品个性化建议	
			该渠道产品交货安排得很好	
		购买便利性	我能在一天中的任何时间通过该渠道购买产品	Mathwick、 Malhotra 和 Rigdon（2001）， Messinger 和 Narasimhan（1997）
			通过该渠道购买时，我能很快地拿到产品	
		谈判可能性	在该渠道购买产品，我能够容易对产品进行讨价还价	Morton 等（2001）
		促销水平	该渠道有定期的产品促销	Pearce（2001），Gijsbrechts、Campo 和 Goosens（2003）
			该渠道有具有吸引力的赠品	
		享乐性	通过该渠道购买产品很有趣	Baker 等（2002）， Childers 等（2001），Mathwick等（2001）
			在该渠道购买产品很舒服	
	购买成本	购买努力	通过该渠道购买产品很耗时	Baker 等（2002）， Ratchford 等（2001）
			通过该渠道购买产品很复杂	
		购买风险	在该渠道购买，我可能拿不到所选择的产品	Hoffman、Novak 和 Peralta（1999），McKnight 等（2002），Forsythe 和 Shi（2003），Park 和 Jun（2003）
			在该渠道购买，判断产品质量很困难	
			在该渠道购买，支付很容易出错	
			个人数据资料在该渠道不安全	
		产品价格	该渠道产品价格低	Dickson 和 Albaum（1977），Baker 等（2002）， Montoya - Weiss 等（2003）
			在该渠道购买产品，钱更值钱了	

购买属性包含购买利益和购买成本。服务质量、购买便利性、谈判可能性、促销水平和享乐性属于购买利益，购买努力、购买风险和产品价格属于购买成本。服务质量的测量参考了 Baker 等（2002），Homburg、Hoyer 和 Fassnacht（2002）、Montoya-Weiss 等（2003）的量表，设计了 3 个问项；购买便利性的测量参考了 Mathwick、Malhotra 和 Rigdon（2001），Messinger 和 Narasimhan（1997）等的量表，设计了 2 个问项；谈判可能性的测量参考了 Morton 等（2001）的量表，设计了 1 个问项；促销水平的测量参考了 Pearce（2001），Gijsbrechts、Campo 和 Goosens（2003）等的量表，设计了 2 个问项；享乐性的测量参考了 Baker 等（2002）、Childers 等（2001）、Mathwick 等（2001）的量表，设计了 2 个问项。考虑到与购买收益量表方向的一致性，购买努力、购买风险和产品价格等购买成本测量问项也设计为正向的。购买努力的测量参考了 Baker 等（2002）、Ratchford 等（2001）的量表，共 2 个问项，具体为"通过该渠道购买产品耗费时间少""通过该渠道购买产品很简单"；购买风险的测量参考了 Hoffman、Novak 和 Peralta（1999），McKnight 等（2002），Forsythe 和 Shi（2003），Park 和 Jun（2003）等的量表，共 4 个问项，具体为"在该渠道购买，我能够拿到我选择的产品""在该渠道购买，判断产品质量很容易""在该渠道购买产品，支付出错率低""个人数据资料在该渠道是安全的"；产品价格的测量参考了 Dickson 和 Albaum（1977）、Baker 等（2002）、Montoya-Weiss 等（2003）的量表，共 2 个问项，具体为"该渠道产品价格低""在该渠道购买产品，钱更值钱了"。因而，购买属性共包含 8 个指标、18 个测量问项，见表 4-1。

综上，渠道属性共包含 13 个指标、33 个测量问项。每一问项均采用 5 级李克特量表进行设计，分别为非常不同意、不同意、一般、同意、非常同意，依次用 1、2、3、4、5 表示。

2.消费者渠道态度的测量

消费者渠道态度包含消费者对传统渠道和网络渠道的搜索态度与购买态度，其测量均参考了 Verhoef 等（2007）的量表，让被调查者分别评价传统渠道、网络渠道搜索信息、产品购买的"吸引力"和"适合性",具体见表4-2,共包含2个指标、4个测量问项。每一问项均采用5级李克特量表进行设计,分别为非常不同意、不同意、一般、同意、非常同意,依次用1、2、3、4、5表示。

表4-2 渠道态度测量指标、问项及来源

变量	指标	问项	来源
搜索态度	搜索吸引力	通过该渠道搜索信息很有吸引力	Verhoef等(2007)
	搜索适合性	该渠道是适合的搜索信息渠道	
购买态度	购买吸引力	通过该渠道购买很有吸引力	Verhoef等(2007)
	购买适合性	该渠道是适合的购买渠道	

3.消费者渠道选择的测量

消费者渠道选择包含搜索选择、购买渠道,其测量均参考了Van和Dach(2005)的量表,与以往基于人的视角研究网上购物行为不同的是,这里基于交易视角,不调查参与者在一个特定时期内的平均购物经历,而是他们最近的购买经历。前文研究指出产品种类对多渠道消费者的购买渠道选择有显著影响,消费者购买不同类别产品时所选择渠道不同,因此,增设一个问题调查消费者所购产品类别,设定消费者渠道选择的情景,具体为"您最近3个月中购买过以下何种产品(如果有多个选项,请您选择印象最深刻的一种)""您购买上述产品是通过何种渠道完成的""您在购买上述产品之前通过何种渠道搜集产品信息",见表4-3。在实际应用中,消费者可以应用多种渠道来搜集信息,因而搜索选择的备选答案为传统渠道、网络渠道和多渠道;但消费者只能选择一种渠道购买,因而购买选择包含传统渠道、网络渠道两个备选答案。

表4-3 渠道选择测量问项及来源

变量	问项	来源
购买选择	您通过何种渠道购买上述产品	Van和Dach(2005)
搜索选择	您购买上述产品前通过何种渠道搜索产品信息	Van和Dach(2005)

4.产品类别的测量

产品类别的选取在本书中具有十分重要的作用，前文中指出产品类别的搜索性和风险性对消费者跨渠道购买行为具有调节作用，因此本书所选产品类别应在搜索性和风险性两个产品类别特征上存在明显差异。Kushwaha 和 Shankar（2013）选取个人电脑、服装、化妆品、办公用品、书、玩具等产品类别对消费者传统渠道、网络渠道、多渠道偏好进行了研究，并指出办公用品、书、玩具属于低风险产品，个人电脑、服装、化妆品属于高风险产品。Gupta 等（2004a）研究指出书、个人电脑属于搜索产品，服装、香水和珠宝属于体验产品。Verhoef 等（2007）选取书、个人电脑、服装等产品类别对研究型购物者现象进行了研究。Baal 和 Dach（2005）选取书、服装、化妆品、个人电脑、玩具、鞋等研究了多渠道消费者行为，并指出书属于搜索主导型产品，服装、化妆品不属于搜索主导型产品。与前文的学者们保持一致，本书初步选取上述文献中出现频率最高的产品类别作为产品类别选项的备选答案，具体包括书、服装、个人电脑、手机、化妆品、玩具、珠宝、办公用品 8 类。考虑到量表开发的全面性，增设了其他选项，并设计了追问，以获取消费者购买的其他产品类别。这些产品类别在搜索性、风险性方面存在显著差异。产品类别问项、备选答案及来源见表4-4。

表4-4　　　　　　　　　　**产品类别问项、备选答案及来源**

变量	问项	备选答案	来源
产品类别	您最近3个月中购买过以下何种产品（如果有多个选项，请您选择印象最深刻的一种）	书、服装、个人电脑、手机、化妆品、玩具、珠宝、办公用品、其他	Tarun Kushwaha 和 Venkatesh Shankar（2013），Gupta 等（2004a）、Verhoef 等（2007），Van Baal 和 Dach（2005）

5.消费者人口统计特征的测量

消费者人口统计特征包含性别、年龄、学历和地区。性别设计了男、女 2 个选项；年龄设计了 17 岁及以下、18~25 岁、26~35 岁、36~45 岁、46~60 岁和 61 岁以上 6 个选项；学历设计了初中及以下、高中、中专及专科、大学本科、硕士研究生及以上5个选项；地区设计了城市、城镇和农村3个选项。年龄选项设置了18岁以上算成年人，18~25岁为在校大学生年龄段，35岁为中青年的划分节点，60岁为退休的年龄。消费者人口统计特征测量问项、备选答案及来源见表4-5。

表4-5　　消费者人口统计特征测量问项、备选答案及来源

变量	问项	备选答案	来源
消费者人口统计特征	您的性别是	男、女	Schiffman和Kanuk（2011），於志东（2012），CNNIC
	您的年龄是	17岁及以下、18~25岁、26~35岁、36~45岁、46~60岁、61岁以上	
	您的学历是	初中及以下、高中、中专及专科、大学本科、硕士研究生及以上	
	您所在的地区是	城市、城镇、农村	

4.1.2　小规模访谈及产品类别的属性划分

我们通过文献回顾的方式获取了本书相关研究变量的测量题项，但不同学者对测量题项的变量归属并不统一，因此，本书通过小规模访谈的方式进一步合并、调整和确认上述测量题项，以提高变量测量的信度和效度。此外，实证产品搜索性、风险性对消费者跨渠道购买行为的调节作用，必须首先科学划分8种产品类别的属性归属。

1.小规模访谈

小规模访谈的目的是检测量表问项是否充分覆盖了被测试概念的全部范围，以进一步提高问卷的内容效度。本次小规模访谈先后访谈了3位市场营销专业专任教师和15名市场营销专业三年级的学生，18位被访谈者是具有市场营销专业知识和丰富网络购物经验的消费者。

首先，教师访谈。我们打印了3份初始调查问卷分发给3位市场营销专业专任教师，向他们详述了市场调查的目的，请他们对问卷进

行审查。3位教师对初始调查问卷给予了充分肯定，普遍认同渠道属性指标全面，问项能够反映指标含义，但也提出了一些宝贵意见。一位教师指出渠道属性中的"谈判可能性"只有1个问项，不能全面反映指标内涵，而且目前传统渠道和网络渠道中顾客均可与企业进行讨价还价，该指标在两种渠道下顾客感知差异不大，建议删除。另一位教师指出，购买便利性的两个问项"我能在一天中的任何时间通过该渠道购买产品""通过该渠道购买时，我能很快地拿到产品"中，第一个问项网络渠道有优势，第二个问项传统渠道有优势，因此该指标不能有效区别消费者对传统渠道和网络渠道的感知价值，从而影响调查数据的有效性，建议重新修订问项。还有一位教师指出，产品类别备选答案中，虽然"珠宝"具有明显的体验性和高风险性特征，但消费者购买珠宝的频率低，样本有限，数据采集存在困难，建议剔除"珠宝"产品类别。

其次，学生访谈。我们打印问卷分发给参与访谈的15名学生，要求他们填答并表达填写时的感受。学生们普遍反映：问卷内容充实，测量指标设计全面，能够反映人们对于渠道的认知。也有学生指出"办公用品"选项比较宽泛，包含的具体产品种类很多，渠道选择不太确定，建议更具体一些。有意思的是，15位被调查者中有5位学生选择了"其他"选项，并且在追问空格中填写了"零食"，反映了在校大学生对"零食"这种产品品类的需求。

因而，研究量表中删除了渠道属性中的"谈判可能性"选项，考虑到传统渠道在购买属性上有优势，我们查阅相关文献并与消费者行为领域专家充分讨论后将购买便利性的第一个问项修改为"我能方便地通过该渠道购买产品"，第二个问项不变。产品类别备选答案中，删除了"珠宝"选项，增加了"零食"选项，将"办公用品"选项修改为"文具"，然后，再一次对问卷中基于字面的语义理解等方面进行了必要的修改。

2.产品类别的属性划分

科学划分产品类别的属性在本书中具有十分重要的作用。首先，开发产品搜索性和风险性的测量量表；其次，通过问卷调查测量每一产品类别的搜索性、风险性；最后，根据测量结果划分8种产品类别的属性归属。

（1）产品搜索性的测量量表。搜索产品是指消费者可以在购买前获得或者感知产品质量信息的产品，产品的感知质量包括一种客观的本质；体验产品需要样本或者实验购买才能评估产品的质量，商品的感知质量更多取决于主观因素和个人经验。产品质量主要包含自然质量和无形质量，性能反映了产品的自然质量。为了更客观地评价各产品类别的搜索性，将产品搜索性分为自然质量搜索性、服务质量搜索性两个维度，设计的具体测量题项为"购买前感知到产品性能的可能性"和"购买前感知到产品相关服务质量的可能性"，见表4-6。采用7级语义差别量表对各产品类别的搜索性进行测量，1表示"非常不可能"，2表示"比较不可能"，3表示"不可能"，4表示"一般"，5表示"比较可能"，6表示"可能"，7表示"非常可能"。

表4-6　　　　　　　　　　**产品属性测量指标、问项及来源**

变量	指标	问项	来源
搜索性	自然质量搜索性	购买前感知到产品性能的可能性	Mudambi（2010），万融（2005）
	服务质量搜索性	购买前感知到的产品相关服务质量的可能性	
风险性	功能风险	购买该产品实际性能低于预期的可能性	Jacoby 和 Kaplan（1972）
	财务风险	购买该产品产生经济损失的可能性	
	安全风险	购买该产品产生人身伤害的可能性	
	心理风险	购买该产品玷污自我形象的可能性	
	社会风险	降低该产品其他使用者感知的可能性	

（2）产品风险性的测量量表。某一产品类别的风险性指消费者在购买该产品过程中对不确定性和不利后果的全面感知。Jocoby和Kaplan（1972）将消费者感知风险分为5种：功能风险、财务风险、安全风险、心理风险、社会风险。很多学者研究了消费者对网络渠道、多渠道的感知风险，如井淼、周颖和吕巍提出经济、功能、时间、社会、身体、隐私、心理和服务是互联网环境下消费者感知风险的8个维度。郭燕和周梅华选择财务风险、功能风险、隐私风险和服务风险4个方面衡量了多渠道消费者的感知风险，并指出财务风险指消费者使用多渠道过程中产生经济损失的可能性，功能风险是消费者使用多渠道某项功能时与预期不符的可能性，隐私风险指个人敏感资料（如身份、信用卡信息）被黑客盗用的风险，服务风险指个人线下享受到的服务与预期不符的可能性。综上，本书产品风险性测量采用了Jocoby和Kaplan（1972）开发的量表，从功能风险、财务风险、安全风险、心理风险和社会风险5个方面进行了测量（具体问项及来源见表4-6）。设计了7级李克特量表，1表示"非常不可能"，2表示"比较不可能"，3表示"不可能"，4表示"一般"，5表示"比较可能"，6表示"可能"，7表示"非常可能"。

（3）产品类别搜索性和风险性的测量。每一产品均是多种属性的结合，很难将其明确地分为某一类，只能选其主导属性对其进行分类。本书采用问卷调查法测量产品的搜索性和风险性，通过对在校大学生进行问卷调查测量8种产品类别的搜索性和风险性。选择在校大学生作为调查对象有两点考虑：首先，在校大学生是服装、书、个人电脑、零食、化妆品和文具的主要消费者，该群体在频繁的购买中积累了丰富的购买经验；其次，在校大学生年龄在18~25岁之间，受教育程度较高，具备理解量表和独立判定产品搜索体验性和风险性的能力。在教学实践中，我们利用便利样本对某选课班级学生进行了调查，问卷涉及服装、书、个人电脑、文具、零食和化妆品6种产品类别的搜索性和风险性评价，在89份回收问卷中，得到有效问卷76份。问卷的信度系数大于0.8，表明该量表内在信度较好。通过计算各调查样本的算术平均数得出各产品类别的搜索性、风险性得分，见表4-7。

表4-7　　　　　　　　**产品类别的各属性得分**

产品类别	搜索性得分	风险性得分
服装	2.78	4.58
书	5.34	2.02
个人电脑	6.08	5.26
零食	3.15	3.09
文具	5.26	2.13
化妆品	3.02	4.45
手机	5.69	5.88
玩具	2.53	3.47

（4）产品类别的属性归属。本书中选取量表的平均数3.5作为分类标准。将搜索性得分高于3.5的产品类别界定为搜索产品，将搜索性得分低于3.5的产品类别界定为体验产品，将风险性得分高于3.5的产品类别界定为高风险产品，将风险性得分低于3.5的产品类别界定为低风险产品。根据表4-7中各产品类别的得分可以看出，书、个人电脑、文具、手机为搜索产品，服装、零食、化妆品、玩具为体验产品；服装、个人电脑、化妆品、手机为高风险产品，书、零食、文具、玩具为低风险产品。分类结果与学者们前述研究成果一致。考虑到两个特征的交互作用，个人电脑、手机属于高风险搜索产品，书、文具属于低风险搜索产品，服装、化妆品属于高风险体验产品，零食、玩具属于低风险体验产品。

综上，小规模访谈进一步修正了测量量表的测量题项，产品属性的划分显示4种产品类型特征所包含的产品类别均等，能够分析产品属性对消费者跨渠道购买行为的调节作用，形成了初始调查问卷。

3.初始调查问卷问项及编码

初始调查问卷共分为4个部分：第一部分包含研究模型中产品类别、消费者渠道选择的相关题项，共3个（见表4-3、表4-4）。第二部分包括研究模型中传统渠道消费者渠道态度和渠道属性感知的相关题项，共37个（见表4-1、表4-2）。第三部分包括研究模型中网络渠道消费者渠道态度和渠道属性感知的相关题项，共37个，（见表4-1、表4-2）。第四部分为被调查者的人口统计特征，相关题项共4个（见表4-5）。

研究中渠道态度和渠道属性感知需要消费者分别对传统渠道和网络渠道进行评价，因此问卷中关于渠道态度和渠道特征的题项为74个，产品类别和渠道选择的题项为3个，消费者特征的题项为4个，初始调查问卷中共包含81个问项。初始调查问卷的编码采用变量英文名称的3个大写首字母，如搜索渠道选择用"SEA"表示；两种渠道的渠道属性编码用4个大写英文字母表示，首字母"T"表示传统渠道，"I"表示网络渠道，后三位仍为渠道属性英文名称的3个大写首字母；编码中的数字代表该变量中问项的排序，如传统渠道信息有效性中的第2个问项用"TINF2"表示。初始调查问卷具体问项及编码见表4-8。

表4-8　　　　　　　　初始调查问卷具体问项及编码

构念	变量	问项	编码
情景因素	产品类别特征	您最近3个月中购买过以下何种产品（如果有多个选项，请您选择印象最深刻的一种）	PRO
渠道选择	购买渠道选择	您通过何种渠道购买上述产品	PUR
	搜索信息渠道选择	您购买上述产品前通过何种渠道搜索产品信息	SEA

构念	变量	问项	编码
传统渠道搜索属性	信息有效性	我通过传统渠道能获得很多产品信息	TINF1
		传统渠道产品信息质量高	TINF2
		我能够容易地在传统渠道对产品比较选择	TINF3
		我能够容易地在传统渠道比较产品价格	TINF4
	搜索便利性	我能在一天中的任何时间通过传统渠道获得产品信息	TSCO1
		通过传统渠道获取产品信息速度快	TSCO2
	品种丰富性	传统渠道产品种类丰富	TRCH1
		传统渠道有最新的产品品种	TRCH2
		传统渠道有最流行的产品品牌和种类	TRCH3
		在传统渠道我能买到高质量的产品	TRCH4
		通过传统渠道能买到我需要的产品	TRCH5
	社会互动性	我在传统渠道能方便地与顾客交流	TSSO1
		我在传统渠道能方便地与企业互动	TSSO2
	搜索努力	通过传统渠道搜索产品信息很耗时	TSEF1
		通过传统渠道搜集产品信息很复杂	TSEF2
传统渠道搜索态度	搜索态度	通过传统渠道搜索信息很有吸引力	TSEA1
		传统渠道是适合的搜索信息渠道	TSEA2

续表

构念	变量	问项	编码
传统渠道购买属性	服务质量	传统渠道能得到优良的产品服务	TSQU1
		传统渠道能得到有益的产品个性化建议	TSQU2
		传统渠道产品交货安排得很好	TSQU3
	购买便利性	我能在一天中的任何时间通过传统渠道购买产品	TRCO1
		通过传统渠道购买时，我能很快拿到产品	TRCO2
	谈判可能性	在传统渠道购买产品，我能够容易对产品进行讨价还价	TNEO
	促销水平	传统渠道有定期的产品促销活动	TPRO1
		传统渠道有具有吸引力的赠品	TPRO2
	享乐性	通过传统渠道购买产品很有趣	THED1
		在传统渠道购买产品很舒服	THED2
	购买努力	通过传统渠道购买产品很耗时	TPEF1
		通过传统渠道购买产品很复杂	TPEF2
	购买风险	在传统渠道购买，我有可能拿不到所选择的产品	TPRS1
		在传统渠道购买，判断产品质量很困难	TPRS2
		在传统渠道购买，支付很容易出错	TPRS3
		个人数据资料在传统渠道不安全	TPRS4
	产品价格	传统渠道产品价格低	TPRI1
		在传统渠道购买产品，钱更值钱了	TPRI2

续表

构念	变量	问项	编码
传统渠道购买态度	购买态度	通过传统渠道购买很有吸引力	TPUR1
		传统渠道是适合的购买渠道	TPUR2
网络渠道搜索属性	信息有效性	我通过网络渠道能获得很多产品信息	IINF1
		网络渠道产品信息质量高	IINF2
		我能够容易地在网络渠道对产品比较选择	IINF3
		我能够容易地在网络渠道比较产品价格	IINF4
	搜索便利性	我能在一天中的任何时间通过网络渠道获得产品信息	ISCO1
		通过网络渠道获取产品信息速度快	ISCO2
	品种丰富性	网络渠道产品种类丰富	IRCH1
		网络渠道有最新的产品品种	IRCH2
		网络渠道有最流行的产品品牌和种类	IRCH3
		在网络渠道我能买到高质量的产品	IRCH4
		通过网络渠道我能买到适合的产品	IRCH5
	社会互动性	我在网络渠道能方便地与顾客交流	ISSO1
		我在网络渠道能方便地与企业互动	ISSO2
	搜索努力	通过网络渠道搜索产品信息很耗时	ISEF1
		通过网络渠道搜集产品信息很复杂	ISEF2

续表

构念	变量	问项	编码
网络渠道搜索态度	搜索态度	通过网络渠道搜索信息很有吸引力	ISEA1
		网络渠道是适合的搜索信息渠道	ISEA2
网络渠道购买属性	服务质量	网络渠道能得到优良的产品服务	ISQU1
		网络渠道能得到有益的产品个性化建议	ISQU2
		网络渠道产品交货安排得很好	ISQU3
	购买便利性	我能在一天中的任何时间通过网络渠道购买产品	IRCO1
		通过网络渠道购买时,我能很快拿到产品	IRCO2
	谈判可能性	在网络渠道购买产品,我能够容易对产品进行讨价还价	INEO
	促销水平	网络渠道有定期的产品促销活动	IPRO1
		网络渠道有具有吸引力的赠品	IPRO2
	享乐性	通过网络渠道购买产品很有趣	IHED1
		在网络渠道购买产品很舒服	IHED2
	购买努力	通过网络渠道购买产品很耗时	IPEF1
		通过网络渠道购买产品很复杂	IPEF2
	购买风险	在网络渠道购买,我有可能拿不到所选择的产品	IPRS1
		在网络渠道购买,判断产品质量很困难	IPRS2
		在网络渠道购买,支付很容易出错	IPRS3
		个人数据资料在网络渠道不安全	IPRS4
	产品价格	网络渠道产品价格低	IPRI1
		在网络渠道购买产品,钱更值钱了	IPRI2

续表

构念	变量	问项	编码
网络渠道购买态度	购买态度	通过网络渠道购买很有吸引力	IPUR1
		网络渠道是适合的购买渠道	IPUR2
消费者人口统计特征	性别	您的性别是	SEX
	年龄	您的年龄是	AGE
	学历	您的学历是	EDU
	地区	您所在的地区是	DIS

4.初始调查问卷预测试

预测试有助于及早发现问卷中的问题，有效提高正式调查问卷的质量，因而，本书在正式调研与数据分析之前，对初始调查问卷进行预测试，以分析测量题项的可靠性和有效性，进一步修正初始的测量量表。通过信度分析和探索性因子分析筛选预测试问卷中的测量题项。信度分析用来精简问卷，删除对测量变量毫无贡献的问卷项目，以提高每个测量变量的信度；探索性因子分析主要是确定测量量表的结构与问项，并进一步对问项进行删减和优化。

（1）预测试数据样本特征和所购产品类别比例

本次预测试在全国范围内通过网络方式传送了初始调查问卷，回收有效问卷103份。被调查对象女性比例略高于男性，男性比例为46.4%，女性比例为53.6%。地理分布绝大部分集中于城市，城市比例为76.8%，城镇及农村比例为23.2%。年龄结构中，18~25岁的样本比例为51.7%，18~35岁的样本比例为84.8%。大学本科以上的样本比例合计为90.9%。产品类别中，8种产品类别样本数基本均等，服装样本相对较多，为15.2%；玩具样本相对较少，为10.1%。

（2）预测试数据渠道属性和渠道态度的信度和效度分析

本书采用SPSS19.0对预测试数据进行了信度分析，得到渠道属性和渠道态度的克朗巴哈系数α值均大于0.7。按照Devellis的观点，这属于相当好的水平，表明渠道属性和渠道态度预测试数据通过信度检验，具有较高的可靠性。

量表的效度通常包括内容效度和建构效度（或构念效度）。在小规模访谈中，我们对初始调查问卷的内容效度进行了检验；关于建构效度，研究中通过因子分析进行检验。运用KMO值判断数据是否适合做因子分析，一般来说，KMO值为0.8以上，表明数据质量非常好；0.70~0.79，表明数据质量中等；0.60~0.69，表明数据质量普通；0.50~0.59，表明数据质量比较差，但分析结果仍可以接受；低于0.50，表明数据不适合进行因子分析。在因子分析中，选择特征值大于1作为评估标准来筛选因子，旋转后因子负荷值小于0.4或者同时在两个因子上的负荷值都大于0.4的测量题项将被删除（Nunnally，1978）。另外，某一变量内涵必须与同一因子的其他变量内涵保持一致。

由初始调查问卷中可以看出，传统渠道和网络渠道的渠道属性分别包含12个指标、32个题项，根据探索性因子分析的基本原理，需要进行因子分析；而搜索态度和购买态度分别包含两个测量题项，产品类别、搜索渠道选择和购买渠道选择包含一个选项，消费者人口统计特征包含4个选项，不需要进行因子分析。因此，只需对渠道属性进行因子分析，因为量表中消费者分别评价了传统渠道和网络渠道的渠道属性，下面分别对传统渠道和网络渠道的渠道属性进行主成分分析。

运用SPSS19.0进行传统渠道渠道属性的主成分分析，分析结果显示，传统渠道渠道属性的KMO值为0.901，说明数据质量非常好；Bartlett's球状检验的显著性水平低于0.000，表明这些因素适合做因子分析。前文渠道搜索态度和购买态度理论模型中包含搜索属性和购买属性两个方面，因此研究中必须将渠道属性明确地划分为搜索属性或购买属性，排除了那些载荷较小或引起解释问题的6个测量题项：品种丰富性4、品种丰富性5和信息有效性4因旋转后因子负荷值小于0.4被删除；信息有效性3和产品价格2因同时在两个因子上的负荷值都大于0.4被删除；促销水平1旋转后因子负荷值为0.672，大于0.4，但该旋转成分矩阵中该因子与搜索便利性同属于一个因子，根据前文，搜索便利性属于搜索属性，促销水平属于购买属性，不能将其归并为同一个因子，因此促销水平1属于引起解释问题的题项被删除，最后保留的题项数为26个。

考虑到因子的解释性，本书提取了11个主成分，最小的特征值是0.726，共解释了75.293%的方差变异。虽然最常用的提取公因子的方法是特征值大于1，本书考虑了特征值大于1的规则，但更着眼于测量题项的解释性和管理的相关性。有的学者提出了除特征值之外的一些考虑，这些学者指出还有许多选择因子数量的标准，其中之一就是可解释性或心理意义，而且按照特征值大于1的规则，提取的7个公因子仅解释了57.043%的方差变异。这些因子很难解释，而多个变量在多个因子上有相对高的因子载荷，本书中提取的11个因子解释了75.293%的方差变异，而且是直角的，所以在因子载荷之间没有多重共线性问题。此外，提取因子的解释性很高，不存在在多个因子上出现高因子载荷。值得注意的是，产品价格1和促销水平2在旋转成分矩阵中被归并为同一个因子，与前文渠道属性中产品价格和促销水平属于两个独立的因子不一致，但这两个因子同属于购买属性，因此，将产品价格1和促销水平2这两个因子归并为一个因子，命名为"价格促销"。

同样运用SPSS19.0进行网络渠道渠道属性的主成分分析，分析结果显示，网络渠道渠道属性的KMO值为0.816，说明数据质量非常好；Bartlett's球状检验的显著性水平低于0.000，表明这些因素适合做因子分析。与传统渠道相同，研究中排除了那些载荷较小或引起解释问题的6个测量题项：品种丰富性4、产品价格2、信息有效性3和信息有效性4因旋转后因子负荷值小于0.4被删除；品种丰富性5因同时在两个因子上的负荷值都大于0.4被删除；促销水平1旋转后因子负荷值为0.476，大于0.4，但该旋转成分矩阵中该因子与购买风险同属于一个因子，根据前文，促销水平和购买风险同属于购买属性，但促销水平属于购买利益，购买风险属于购买成本，这会引起解释问题，因此促销水平1被删除，最后保留的题项数为26个。

与传统渠道相同，本书提取了 11 个主成分，最小的特征值是 0.807，共解释了 72.455% 的方差变异。与传统渠道相同，将产品价格 1 和促销水平 2 这两个因子归并为一个因子，命名为"价格促销"。

对比传统渠道与网络渠道渠道属性分析结果，两种渠道的渠道属性测量量表均删减了品种丰富性 4、品种丰富性 5、信息有效性 3、信息有效性 4、促销水平 1 和产品价格 2 共 6 个题项，虽然删减的原因不同，但最终保留了相同的 26 个测量问项。产品价格 1 和促销水平 2 均被合并为"价格促销"因子。传统渠道与网络渠道渠道属性提取的公因子一致，说明提取的 11 个公因子既能表示传统渠道渠道属性，也能表示网络渠道渠道属性。但每个因子在不同渠道解释的方差变异程度不同，如品种丰富性在传统渠道解释了 7.782% 的方差变异性，但在网络渠道解释了 9.010% 的方差变异性，说明消费者对传统渠道和网络渠道的渠道属性感知存在差异，这与前文中的理论分析一致。因而，最终确定渠道搜索属性（5 个）、购买属性（6 个）共 11 个指标，具体如下：

搜索属性（B 为搜索利益，C 为搜索成本）（对应公式（3-1a）中的 X）：

信息有效性：消费者使用渠道比较产品及其价格信息的容易程度。（B）

搜索便利性：消费者获得产品信息的便利性和速度。（B）

品种丰富性：该渠道是否有流行品牌、最新产品种类、大量花色品种和高质量产品。（B）

社会互动性：消费者通过该渠道与顾客和企业交流的便利性。（B）

搜索努力：消费者获取产品和服务信息的难度和耗费时间。（C）

购买属性（B 为购买利益，C 为购买成本）（对应公式（3-1b）中的 W）：

服务质量：个性化建议、购买中的优质帮助和优质服务的可得性。（B）

购买便利性：消费者在该渠道购买产品的便利性和速度。（B）

价格促销：该渠道是否价格低，是否有具有吸引力的赠品。（B）

享乐性：通过该渠道购买是否有意思和舒服。（B）

购买风险：判断产品质量的难度，没有收到产品的可能性和支付的困难性。（C）

购买努力：消费者购买产品时需要付出的努力。（C）

综上，预测试进一步缩减了渠道属性测量指标及问项，渠道属性测量指标为11个，测量问项为26个，从而形成了正式调查问卷。

5.正式调查问卷

正式调查问卷如附录1所示，共包含4个部分：第一部分为产品类别、搜索渠道选择和购买渠道选择的相关测量题项，共3个问项。第二部分为传统渠道搜索属性、购买属性、搜索态度、购买态度的相关题项，共34个问项。第三部分为网络渠道搜索属性、购买属性、搜索态度、购买态度的相关测量题项，共34个问项。第四部分为被调查者的人口统计特征相关测量题项，共4个问项。正式测量量表与初始测量量表相比，渠道属性中删除了"谈判可能性"因子，将"产品价格"和"促销水平"两个因子合并为"产品促销"一个因子。

综上，基于文献研究、小规模访谈、产品属性划分形成了初始测量量表，经过预测试对初始调查问卷的问项、备选答案等做了进一步删减、修正，提升了调查问卷质量和内容效度，形成了最终的市场调查问卷。

4.2 数据搜集

本节将根据调查主题，合理选择调查对象，选用科学合理的抽样方法，发放调查问卷，确定最优样本容量，严格控制调查过程，充分搜集研究数据，制定、运用科学合理的原则筛选回收答卷，保证获得有效、充足的样本数据。

4.2.1 调查对象与样本容量

数据搜集之前应首先确定调查对象和样本容量。关于调查对象，本书旨在探查消费者跨渠道购买行为形成机制，调查对象要求是应用传统渠道和网络渠道的消费者。市场经济时代，每位消费者均会应用传统渠道选购商品来满足生活需要，因此，在线购买的消费者会应用传统渠道和网络渠道，可能产生传统渠道搜索网络渠道购买或网络渠道搜索传统渠道购买这样的跨渠道购买行为。本书对调查对象的具体定义为：具有使用互联网的基本能力和条件；具有独立的购买能力；为了个人用途在网上至少有过一次购买经历；具有实体店铺购物经验。

样本量一般应满足3个要求：（1）大于200个；（2）大于测量问项的5倍；（3）大于模型估计参数的5倍。样本量的确定应用比较广泛的标准是：样本量为指标题项的5倍。Bentler（1989）也建议被调查者要有自由参数的5倍以上。本书量表共包含75个问项，按照最大值原则，确定样本规模为900个。

4.2.2 抽样方法、调查方法与过程

调查对象和样本量确定后，应确定获取样本的方法，即抽样方法。当研究对象所属范围较小时，将总体作为研究对象有一定的可操作性，但对于大多数社会科学研究，不可能对研究总体进行全面调研，往往要从总体中抽取少部分个体进行统计分析，这一过程实质上是抽样过程。本书的调查对象是有网络购物经验的多渠道消费者，这一总体是客观存在的，但不可能完成真正完整的总体调研，需要抽样调查。抽样方法有随机抽样和非随机抽样。虽然随机抽样能有效避免主观选样带来的系统误差，但本书存在调查对象不容易筛选、问题数量多、专业性强等难点，要求900份的样本量，非随机抽样中的雪球抽样是最佳选择，而且这种抽样方法不影响样本的代表性，因此，本书选用雪球抽样获取调查样本。实际操作中，以

研究者的同学、朋友、学生等便利样本为基础，请求他们尽可能多转发来抽取调查样本。

本书采用网络调查法采集数据。首先，研究者通过问卷星创建并发布了问卷；然后，研究者将问卷链接发送给本人的同学、同事、朋友和学生，并恳请他们将问卷链接通过QQ群、微信朋友圈等尽可能转发给更多的人。考虑到本书调查问卷共包含75个测量题项，内容多，填答时间长，为鼓励参与，问卷采用参与有奖的方式进行，所有被调查者在填完问卷后将有10%的概率赢得奖品。经过长达半年的不懈努力，共收到答卷915份，样本范围涵盖了江苏、山西、北京、上海、河南、安徽等省市。

为了保证数据的真实可靠，本书采用以下原则对回收的答卷进行筛选：第一，填答时间少于5分钟的答卷；第二，连续5个及以上选项答案雷同的答卷；第三，IP地址的唯一性。确定5分钟的原因是，本书调查问卷包含75个测量题项，预测试中被调查者的平均填答时间为5分钟，所以填答时间低于5分钟的答卷，被调查者是本着极不认真的态度填写的，应予以剔除。同样，连续5个及以上选项答案雷同的答卷也会影响数据的信度，所以予以剔除。IP地址重复的答卷有可能是同一个被调查者多次填答，当然也可能是多人运用同一个IP地址填答了问卷，为了保证数据的充分可信和有效，本书中相同IP地址的答卷仅保留一份，将其他答卷剔除。本次回收的915份答卷中，剔除掉填答时间少于5分钟的答卷9份、连续5个及以上选项答案雷同的答卷16份、IP地址重复的答卷22份，最后得到有效问卷868份。有效问卷数是测量问项的11.6倍，大于200，且大于估计参数和测量问项的5倍，所以，868份答卷满足样本量的要求。

最终，本次调查获得868位被调查对象对所购产品搜索信息渠道和购买渠道选择信息；以及传统渠道搜索和购买属性、搜索和购买态度，网络渠道搜索和购买属性、搜索和购买态度的评价信息。

4.3 样本数据描述性统计分析

样本数据描述性统计分析是统计分析前的必要步骤，可以用来判断样本的代表性及研究变量的普遍取值。依据本书的研究内容，下面分别对消费者人口统计特征、产品类别、渠道属性、渠道态度和渠道选择进行描述性统计分析。

4.3.1 消费者人口统计特征及产品类别描述性统计分析

本书调查了每一位被调查者对下列产品之一的评价：书、个人电脑、服装、化妆品、文具、零食、手机、玩具。这些产品类别在搜索性、风险性等特征上不同，消费者购买这些不同产品类别时，对于不同渠道的感知发生了实质性的变化，另外选择多种产品类别也能提高本书的外部效度。运用Excel软件统计了消费者人口统计特征和消费者购买产品类别分布，性别、年龄、学历、地区、产品类别的分布具体见表4-9。

表4-9　　　消费者人口统计特征分布及所购产品类别比例

性别		地区		年龄		学历		产品类别	
男性	48.2%	城市	67.1%	17岁及以下	1.2%	初中及以下	2.6%	个人电脑	12.7%
女性	51.8%	城镇	22.9%	18~25岁	40.5%	高中	4.2%	书	11.1%
		农村	10.0%	26~35岁	31.9%	中专及专科	6.6%	化妆品	10.5%
				36~45岁	24.9%	大学本科	77.2%	零食	13.7%
				46~60岁	1.2%	硕士及以上	9.4%	服装	17.1%
				61岁及以上	0.3%			文具	10.1%
								手机	14.4%
								玩具	10.4%

表4-9显示被调查对象女性比例与男性比例基本持平，男性比例为48.2%，女性比例为51.8%。地区分布绝大部分集中于城市，城市的比例为67.1%，城镇及农村比例为32.9%，这与我国网络用户集中于城市的现状基本吻合。年龄结构中，18~25岁的样本比例最高，为40.5%，这个年龄段主要是在校大学生群体，该群体是伴随着网络经济成长起来的，有较强的代表性；18~35岁的样本比例为72.4%，这与网上消费者大都年轻的相关研究一致。另外，被调查对象普遍学历层次较高，大学本科以上的样本比例合计为86.6%，这与受教育程度越高对不同渠道的综合运用能力越强、对产品信息的掌握能力越充分的多渠道消费者行为相关研究一致。消费者所购产品类别中，8种产品类别样本数基本均等，服装样本相对较多，为17.1%；文具样本相对较少，为10.1%。这也反映了消费者对不同产品类别的需求状况。

4.3.2　渠道属性描述性统计分析

本书将产品分成高风险搜索产品、低风险搜索产品、高风险体验产品、低风险体验产品4种类型，因此，分别对产品总体和4种产品类型下消费者的渠道属性感知进行描述性统计分析。

1.产品总体下的渠道属性均值和标准差

运用SPSS19.0分别计算了消费者对传统渠道和网络渠道渠道属性认知的均值和标准差，见表4-10。结果表明：传统渠道购买便利性均值最高，为4.27；搜索便利性均值最低，为2.75。其他变量均值均大于3，研究变量标准差基本小于1。网络渠道均值最高的是搜索便利性（4.10），均值最低的是购买风险（2.33）；其次是服务质量（2.37）；其他研究变量均值均大于3，研究变量标准差基本小于1。传统渠道服务质量、购买便利性、购买风险等购买属性优于网络渠道，网络渠道搜索便利性、社会互动性等搜索属性优于传统渠道。

表4-10   **产品总体下的渠道属性均值和标准差**

变量	传统渠道		网络渠道	
	均值	标准差	均值	标准差
信息有效性	3.23	0.895	3.93	0.744
搜索便利性	2.75	1.021	4.10	0.680
品种丰富性	3.30	0.838	3.80	0.726
社会互动性	3.04	0.793	3.79	0.704
搜索努力	3.89	0.941	3.50	0.784
服务质量	3.57	0.806	2.37	0.773
购买便利性	4.27	1.056	3.44	0.859
享乐性	3.36	0.845	3.60	0.813
促销水平	3.03	1.027	3.38	0.998
购买努力	3.70	0.920	3.22	0.845
购买风险	3.76	0.784	2.33	0.853
产品价格	3.30	0.986	3.84	1.081

图4-1显示了传统渠道和网络渠道这11个因子的均值得分，结果与凭直觉获知的吻合。传统渠道在服务质量、购买便利性和购买风险等购买属性上占优势，在信息有效性、搜索便利性、品种丰富性、社会互动性和搜索努力等搜索属性上相对较弱。网络渠道在搜索便利性和信息有效性等搜索属性上占优势，服务质量和购买风险等购买属性远低于传统渠道。总之，图4-1表明，传统渠道被定位在"服务质量"和"购买风险"方面，网络渠道被定位在"搜索便利性"和"信息有效性"方面。

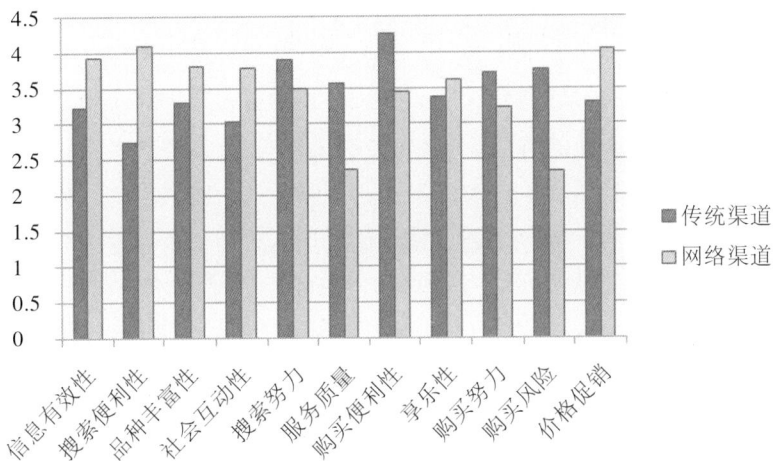

图 4-1　传统渠道和网络渠道渠道属性均值

2.4 种产品类型下的渠道属性均值和标准差

同样运用 SPSS19.0，我们统计了购买高风险搜索产品、低风险搜索产品、高风险体验产品和低风险体验产品时，消费者对传统渠道和网络渠道渠道属性的感知均值和标准差，依次见表 4-11、表 4-12、表 4-13、表 4-14。

表4-11　　　　　高风险搜索产品的渠道属性均值和标准差

变量	传统渠道		网络渠道	
	平均值	标准差	平均值	标准差
信息有效性	3.49	0.777	3.58	0.623
搜索便利性	3.24	0.798	3.97	0.737
品种丰富性	3.28	0.754	3.90	0.660
社会互动性	3.32	0.789	3.96	0.604
搜索努力	3.77	0.990	2.67	0.693
服务质量	3.53	0.859	2.96	0.512
购买便利性	3.67	0.670	3.58	0.697
享乐性	3.21	0.835	3.50	0.754
购买努力	3.61	0.595	3.81	0.796
购买风险	2.66	0.553	2.66	0.495
价格促销	3.57	0.685	3.59	0.674

由表4-11可以看出，对于高风险搜索产品，消费者感知网络渠道的搜索属性，如信息有效性、搜索便利性、品种丰富性、社会互动性、搜索努力均高于传统渠道，特别是搜索努力，网络渠道的均值为2.67，而传统渠道的均值为3.77；购买属性方面，消费者感知传统渠道服务质量、购买便利性均明显高于网络渠道，购买努力、购买风险低于网络渠道，然而消费者感知网络渠道享乐性、价格促销略优于传统渠道。传统渠道和网络渠道各渠道属性的标准差均小于1，说明样本数据的离散程度不大。

表4-12显示，对于低风险搜索产品，消费者感知网络渠道搜索属性和购买属性均高于传统渠道，如信息有效性、搜索便利性、品种丰富性、社会互动性、搜索努力、服务质量、享乐性、购买努力、价格促销等均高于传统渠道。特别是搜索便利性，网络渠道的均值为3.94，而传统渠道的均值仅为2.30。购买便利性和购买风险方面，消费者感知传统渠道优于网络渠道。传统渠道和网络渠道各渠道属性的标准差均小于1，说明样本数据的离散程度不大。

表4-12　　　　低风险搜索产品的渠道属性均值和标准差

变量	传统渠道		网络渠道	
	平均值	标准差	平均值	标准差
信息有效性	3.19	0.819	3.52	0.648
搜索便利性	2.30	0.707	3.94	0.635
品种丰富性	3.17	0.733	3.88	0.628
社会互动性	3.20	0.767	3.55	0.702
搜索努力	3.77	0.853	2.44	0.694
服务质量	3.17	0.872	3.72	0.703
购买便利性	3.40	0.674	3.23	0.645
享乐性	2.97	0.812	3.61	0.686
购买努力	3.09	0.682	2.76	0.632
购买风险	3.48	0.651	3.76	0.728
价格促销	3.32	0.735	3.49	0.679

表4-13显示，对于高风险体验产品，消费者感知网络渠道的搜索属性，如信息有效性、搜索便利性、品种丰富性、社会互动性、搜索努力均高于传统渠道。特别是搜索便利性，网络渠道的均值为3.81，而传统渠道的均值仅为2.91。购买属性方面，消费者感知传统渠道服务质量、购买便利性、享乐性均高于网络渠道。购买风险方面，传统渠道的均值为2.99，而网络渠道为3.75，说明对于高风险体验产品，消费者网络渠道感知购买风险明显高于传统渠道。传统渠道和网络渠道各渠道属性的标准差均小于1，说明样本数据的离散程度不大。

表4-13　　　　　**高风险体验产品的渠道属性均值和标准差**

变量	传统渠道		网络渠道	
	平均值	标准差	平均值	标准差
信息有效性	3.47	0.751	3.52	0.620
搜索便利性	2.91	0.913	3.81	0.733
品种丰富性	3.42	0.657	3.73	0.715
社会互动性	3.38	0.706	3.62	0.692
搜索努力	3.68	0.786	3.56	0.683
服务质量	3.61	0.705	3.12	0.590
购买便利性	3.52	0.720	3.51	0.748
享乐性	3.42	0.768	3.24	0.620
购买努力	3.29	0.789	3.33	0.639
购买风险	2.99	0.716	3.75	0.579
价格促销	3.43	0.833	3.02	0.721

表4-14的数据表明，对于低风险体验产品，消费者感知传统渠道搜索属性和购买属性均高于网络渠道，如信息有效性、品种丰富

性、社会互动性、服务质量、购买便利性、享乐性、购买努力均高于网络渠道。搜索努力和搜索便利性方面，消费者感知网络渠道优于传统渠道。传统渠道和网络渠道各渠道属性的标准差均小于1，说明样本数据的离散程度不大。

表4-14　　　　**低风险体验产品的渠道属性均值和标准差**

变量	传统渠道		网络渠道	
	平均值	标准差	平均值	标准差
信息有效性	3.34	0.662	3.30	0.675
搜索便利性	3.36	0.651	3.41	0.703
品种丰富性	3.43	0.630	3.39	0.757
社会互动性	3.48	0.689	3.11	0.685
搜索努力	3.27	0.841	2.99	0.687
服务质量	3.38	0.756	3.32	0.693
购买便利性	3.52	0.655	3.16	0.611
享乐性	3.46	0.742	3.14	0.745
购买努力	3.68	0.588	3.01	0.660
购买风险	3.11	0.703	3.15	0.735
价格促销	3.15	0.695	3.54	0.715

综上所述，对于高风险搜索产品、低风险搜索产品、高风险体验产品、低风险体验产品，消费者对于传统渠道和网络渠道11个渠道属性感知存在明显的差异。对于高风险搜索产品和高风险体验产品，消费者感知网络渠道搜索属性优于传统渠道，传统渠道购买属性优于网络渠道；对于低风险搜索产品，消费者感知网络渠道搜索属性和购买属性均高于传统渠道；对于低风险体验产品，消费者感知传统渠道搜索属性和购买属性均高于网络渠道。

4.3.3　消费者渠道态度描述性统计分析

如同渠道属性描述性统计分析，我们同样对产品总体和4种产品类型下的消费者渠道态度进行描述性统计分析。

1.产品总体下的渠道态度均值和标准差

运用SPSS19.0计算传统渠道和网络渠道渠道态度的平均值和标准差，见表4-15。传统渠道购买态度均值高于搜索态度，说明消费者感知传统渠道在购买过程中更有优势。标准差均小于1，说明样本数据的离散程度不大。网络渠道搜索态度均值高于购买态度，说明消费者感知网络渠道在搜索信息过程中更有优势。标准差均小于1，说明样本数据的离散程度不大。

表4-15　　　　　**产品总体下的渠道态度均值和标准差**

渠道	变量	测量题项	平均值	标准差
传统渠道	搜索态度	TSEA1、TSEA2	3.49	0.867
	购买态度	TPUR1、TPUR2	3.88	0.779
网络渠道	搜索态度	ISEA1、ISEA2	3.98	0.731
	购买态度	IPUR1、ITPUR2	3.17	0.698

对比传统渠道和网络渠道渠道态度均值可以看出，网络渠道搜索态度均值高于传统渠道搜索态度均值，说明消费者搜索产品信息过程中对网络渠道持更积极的态度；传统渠道购买态度均值高于网络渠道购买态度均值，说明消费者购买产品过程中对传统渠道持更积极的态度。

2.4种产品类型下的渠道态度均值和标准差

运用SPSS19.0分别统计购买高风险搜索产品、低风险搜索产品、高风险体验产品、低风险体验产品时，消费者对传统渠道和网络渠道搜索态度和购买态度的均值和标准差，具体见表4-16。由表中数据可以看出，对于4种产品类型，消费者对传统渠道购买态度均值均高于搜索态度，网络渠道搜索态度均值均高于购买态度，说明相对而言，消费者认为网络渠道是适合的搜索信息渠道，传统渠道是适合的购买渠道。对于高风险搜索产品，消费者感知网络渠道搜索态度高于传统渠道，而传统渠道购买态度高于网络渠道；对于低风险搜索产品，消费者对网络渠道的搜索态度和购买态度均高于传统渠道；对于高风险体验产品、消费者感知网络渠道搜索态度高于传统渠道，而传统渠道购买态度高于网络渠道；对于低风险体验产品，消费者对传统渠道的搜索态度和购买态度均高于网络渠道。4种产品类型下，传统渠道和网络渠道各搜索态度和购买态度的标准差均小于1，说明样本数据比较集中，离散程度不大。

表4-16　　　　　　4种产品类型下的渠道态度均值和标准差

变量		传统渠道		网络渠道	
		平均值	标准差	平均值	标准差
高风险搜索产品	搜索态度	3.34	0.697	3.96	0.603
	购买态度	3.91	0.627	3.09	0.589
低风险搜索产品	搜索态度	2.89	0.542	3.96	0.545
	购买态度	3.27	0.503	3.46	0.524
高风险体验产品	搜索态度	3.58	0.741	3.67	0.555
	购买态度	3.82	0.674	3.22	0.537
低风险体验产品	搜索态度	3.45	0.656	3.21	0.544
	购买态度	3.91	0.693	2.88	0.584

4.3.4　消费者渠道选择描述性统计分析

我们运用Excel软件分别统计了消费者对8种产品的渠道选择。前文中研究指出，书、文具属于低风险搜索产品，个人电脑、手机属于高风险搜索产品，服装、化妆品属于高风险体验产品，玩具、零食属于低风险体验产品，因此，我们将8种产品类别分成4类统计，并加以汇总，具体见表4-17。下面分别对产品类别总体消费者的渠道选择、4种产品类型下消费者的渠道选择进行描述性统计分析。

表4-17　　　　　　　　　　　　**消费者渠道选择描述性统计**

产品类型	渠道选择	搜索信息渠道		购买渠道		跨渠道购买		单一渠道购买	
		传统渠道	网络渠道	传统渠道	网络渠道	传统渠道搜索网络渠道购买	网络渠道搜索传统渠道购买	传统渠道搜索传统渠道购买	网络渠道搜索网络渠道购买
高风险搜索产品	个人电脑（91）	36 39.6%	55 60.4%	47 51.6%	44 48.4%	25 27.5%	36 39.6%	11 12.1%	19 20.0%
	手机（127）	37 29.1%	90 74.4%	85 66.9%	42 33.1%	19 15.0%	67 52.8%	18 14.2%	23 25.3%
	小计（218）	73 33.5%	145 66.5%	132 60.6%	86 39.4%	44 20.2%	103 47.2%	29 13.3%	42 19.3%
低风险搜索产品	书（106）	22 20.8%	84 79.2%	23 21.7%	83 78.3%	10 9.4%	11 10.4%	12 11.3%	73 68.9%
	文具（100）	32 32%	68 68%	31 31%	69 69%	10 10%	9 9%	22 22%	59 59%
	小计（206）	54 26.2%	152 73.8%	54 26.2%	152 73.8%	20 9.7%	20 9.7%	34 16.5%	132 64.1%
高风险体验产品	服装（115）	64 44.1%	81 55.9%	70 48.3%	75 51.7%	47 32.4%	53 36.6%	17 11.7%	28 19.3%
	化妆品（91）	46 50.5%	45 49.5%	54 59.3%	37 40.7%	28 30.8%	36 39.6%	18 19.8%	9 9.9%
	小计（236）	110 46.6%	126 53.4%	124 52.5%	112 47.5%	75 31.8%	89 37.7%	35 14.8%	37 15.7%
低风险体验产品	零食（119）	66 55.5%	53 44.5%	80 67.2%	39 32.8%	9 7.6%	23 19.3%	57 47.9%	30 25.2%
	玩具（89）	60 67.4%	29 32.6%	66 74.2%	23 25.8%	3 3.4%	9 10.1%	57 64.0%	20 22.5%
	小计（208）	126 60.6%	82 39.4%	146 70.2%	62 29.8%	12 5.8%	32 15.4%	114 54.8%	50 24.0%
合计（868）		363 41.8%	505 58.2%	456 52.5%	412 47.5%	151 17.4%	244 28.1%	212 24.4%	261 30.0%

1.产品总体下的渠道选择

由表4-17可以看出，41.8%的消费者通过传统渠道搜索信息，52.5%的消费者通过传统渠道购买，58.2%的消费者通过网络渠道搜索信息，47.5%的消费者通过网络渠道购买，传统渠道搜索信息网络渠道购买的跨渠道购买行为比例为17.4%，网络渠道搜索信息传统渠道购买的跨渠道购买行为比例为28.1%，24.4%的消费者仅通过传统渠道完成搜索信息和购买，30.0%的消费者仅通过网络渠道完成搜索信息和购买。在通过传统渠道购买的被调查者中，有28.1%的被调查者在传统渠道购买之前通过网络渠道搜索信息，24.4%的被调查者没有发生渠道转换。在通过网络渠道购买的被调查者中，17.4%的消费者在网络渠道购买之前访问了实体店铺，30.0%的被调查者没有发生渠道转换，具体如图4-2所示。总之，对于产品类别总体，45.5%的消费者发生了跨渠道购买行为，网络渠道搜索信息传统渠道购买的比例（28.1%）高于传统渠道搜索信息网络渠道购买的比例（17.4%）；54.5%的消费者未发生渠道转换，其中，24.4%的消费者仅通过传统渠道搜索信息、购买产品，30.0%的消费者仅通过网络渠道搜索信息、购买产品。

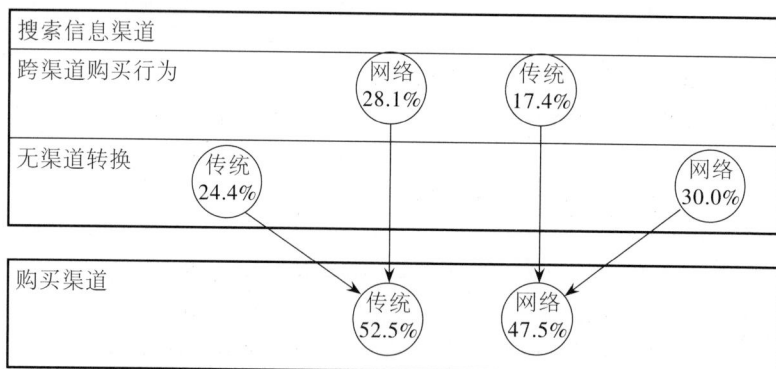

图4-2　产品总体下的消费者渠道选择（计算结果四舍五入）

2.4种产品类型下的消费者渠道选择

由表4-17可以看出，消费者对高风险搜索产品、低风险搜索产品、高风险体验产品、低风险体验产品的渠道选择存在明显的差异。

对于高风险搜索产品（如个人电脑、手机），66.5%的消费者通过网络渠道搜索信息，但通过网络渠道购买的比例为39.4%，小于传统渠道购买的比例（60.6%），消费者跨渠道购买的比例（67.4%）大于单一渠道购买的比例（32.6%）；对于低风险搜索产品（如书、文具），73.8%的消费者通过网络渠道搜索信息，73.8%的消费者通过网络渠道购买，消费者单一渠道购买的比例（80.6%）远大于跨渠道购买的比例（19.4%）；对于高风险体验产品（如服装、化妆品），消费者选择网络渠道搜索信息的比例（53.4%）略高于传统渠道（46.6%），消费者选择网络渠道购买的比例（47.5%）略低于传统渠道（52.5%），69.5%的消费者发生了跨渠道购买，30.5%的消费者通过单一渠道购买；对于低风险体验产品（如玩具、零食），消费者选择传统渠道搜索信息和购买的比例（60.6%、70.2%）远高于网络渠道搜索信息和购买的比例（39.4%、29.8%），消费者单一渠道购买的比例（78.8%）远大于消费者跨渠道购买的比例（21.2%）。下面分别分析高风险搜索产品、低风险搜索产品、高风险体验产品、低风险体验产品消费者的渠道选择。

高风险搜索产品消费者的渠道选择。消费者对个人电脑和手机的渠道选择中，33.5%的消费者通过传统渠道搜索信息，66.5%的消费者通过网络渠道搜集信息；60.6%的被调查者通过传统渠道购买，39.4%的被调查者通过网络渠道购买。在通过传统渠道购买的被调查者中，47.2%的被调查者在传统渠道购买之前通过网络渠道搜索信息，13.3%的被调查者没有发生渠道转换。在通过网络渠道购买的被调查者中，20.2%的消费者在网络渠道购买之前访问了实体店铺，19.3%的消费者没有发生渠道转换，具体如图4-3所示。总之，对于高风险搜索产品，消费者选择网络渠道搜索信息的比例高于传统渠道，选择传统渠道购买的比例高于网络渠道；67.4%的消费者发生了跨渠道购买行为，32.6%的消费者仅通过单一渠道搜索信息和购买；47.2%的消费者发生了网络渠道搜索信息传统渠道购买的跨渠道行为，而传统渠道搜集信息网络渠道购买的比例为20.2%。

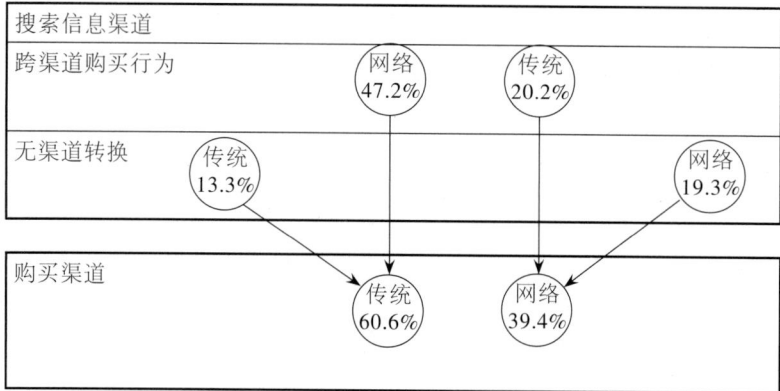

图4-3 高风险搜索产品的渠道选择（计算结果四舍五入）

　　低风险搜索产品消费者的渠道选择。消费者对书和文具的渠道选择中，26.2%的消费者通过传统渠道搜索信息，73.8%的消费者通过网络渠道搜集信息；26.2%的被调查者通过传统渠道购买，73.8%的被调查者通过网络渠道购买。在通过传统渠道购买的被调查者中，仅有9.7%的被调查者在传统渠道购买之前通过网络渠道搜索信息，16.5%的被调查者没有发生渠道转换。在通过网络渠道购买的被调查者中，64.1%的消费者没有发生渠道转换，仅9.7%的消费者在网络渠道购买之前访问了实体店铺，具体如图4-4所示。总之，对于低风险搜索产品，消费者选择网络渠道搜索信息和购买的比例远高于传统渠道；64.1%的消费者通过网络渠道搜索信息和购买产品，16.5%的消费者通过传统渠道搜索信息和购买产品，未发生渠道转换；消费者传统渠道搜索信息网络渠道购买、网络渠道搜索信息传统渠道购买的比例均为9.7%。

　　高风险体验产品消费者的渠道选择。消费者对服装和化妆品的渠道选择中，46.6%的消费者通过传统渠道搜索信息，53.4%的消费者通过网络渠道搜集信息；52.5%的被调查者通过传统渠道购买，47.5%的被调查者通过网络渠道购买。在通过传统渠道购买的被调查者中，37.7%的被调查者在传统渠道购买之前通过网络渠道搜索信息，14.8%的被调查者没有发生渠道转换。在通过网络渠道购买的被调查者中，31.8%的消费者在网络渠道购买之前访问了实体店铺，15.7%的消费者没有发生渠道转换，具体如图4-5所示。总之，对于高风险体验产品，消费者选择网络渠道搜索信息的比例高于传统渠道，选择传统渠道购买的比例高于网络渠道；69.5%的消费者发生了跨渠道购买行为，30.5%消费者仅通过单一渠道搜索信息和购买；37.7%的消费者发生了网络渠道搜索信息传统渠道购买的跨渠道行为，而传统渠道搜集信息网络渠道购买的比例为31.8%。

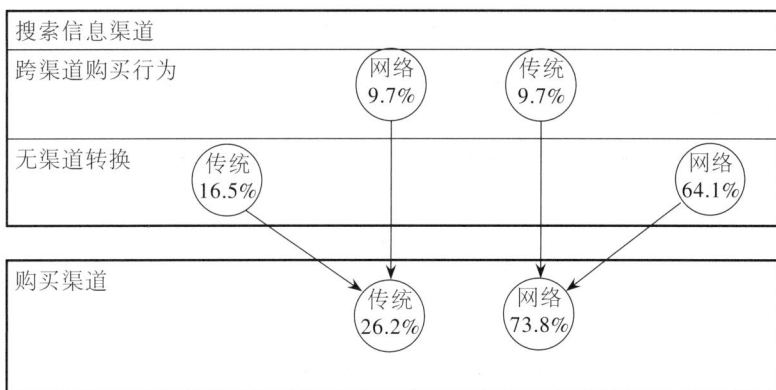

图4-4　低风险搜索产品的渠道选择

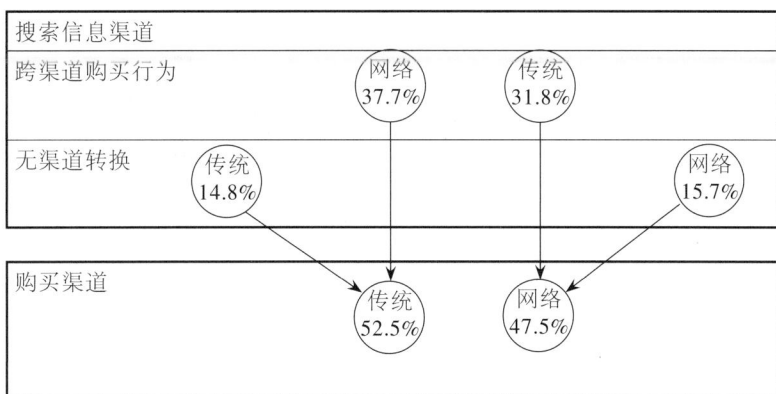

图4-5　高风险体验产品的渠道选择

低风险体验产品消费者的渠道选择。消费者对零食和玩具的渠道选择中，60.6%的消费者通过传统渠道搜索信息，39.4%的消费者通过网络渠道搜集信息；70.2%的被调查者通过传统渠道购买，29.8%

的被调查者通过网络渠道购买。在通过传统渠道购买的被调查者中，54.8%的被调查者没有发生渠道转换，15.4%的被调查者在传统渠道购买之前通过网络渠道搜索信息。在通过网络渠道购买的被调查者中，24.0%的消费者没有发生渠道转换，仅5.8%的消费者在网络渠道购买之前访问了实体店铺，具体如图4-6所示。总之，对于低风险体验产品，消费者选择传统渠道搜索信息和购买的比例远高于网络渠道；54.8%消费者通过传统渠道搜索信息和购买产品，24.0%的消费者通过网络渠道搜索信息和购买产品，未发生渠道转换；消费者传统渠道搜索信息网络渠道购买的比例为5.8%，网络渠道搜索信息传统渠道购买的比例为15.4%。

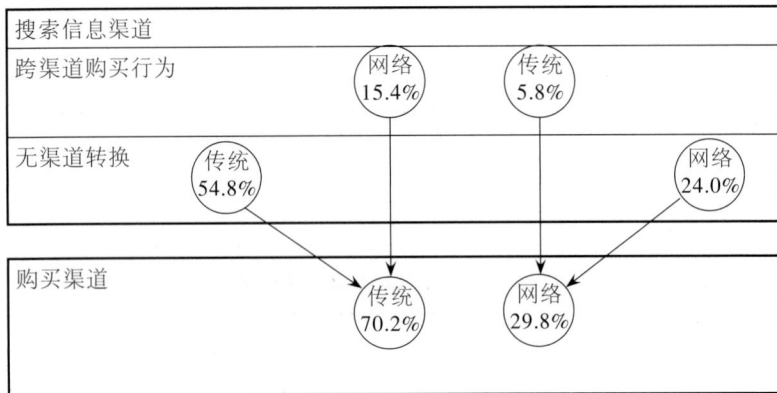

图4-6 低风险体验产品的渠道选择

综上所述，对于产品总体，消费者既发生网络渠道搜索信息传统渠道购买（SI-PS），也发生传统渠道搜索信息网络渠道购买（SS-PI），但SS-PI的比例低于SI-PS的比例。4种产品类型中，对于高风险搜索产品、高风险体验产品，消费者跨渠道购买行为更普遍，SS-PI是主要的跨渠道购买行为类型；对于低风险体验产品，消费者更多选择传统渠道搜索产品信息和购买；对于低风险搜索产品，消费者更多选择网络渠道搜索产品信息和购买。

4.4 样本数据的信度和效度分析

参数估计之前，需要对样本数据的可靠性和有效性进行检验，下面对样本数据进行信度分析以检验样本数据的可靠性，对样本数据进行效度分析以检验样本数据的有效性。

4.4.1 渠道属性和渠道态度的信度分析

研究中只需计算渠道属性和渠道态度的信度值，因为产品类别、消费者人口统计特征、消费者搜索信息和购买渠道选择样本数据，每一个问项仅包含一个测量题项，无须计算信度值。运用SPSS19.0对数据进行信度分析，得到11个渠道属性和2个渠道态度的克朗巴哈系数α值，见表4-18。由表中可以看出：渠道属性和渠道态度的信度值均大于0.7，属于相当高的水平（Devellis，1993），表明渠道属性和渠道态度样本数据通过信度检验，具有较高的可靠性。

表4-18 渠道属性和渠道态度的信度值

变量	指标	问项数	克朗巴哈系数α值
渠道属性	信息有效性	2	0.706
	搜索便利性	2	0.871
	品种丰富性	3	0.857
	社会互动性	2	0.833
	搜索努力	2	0.725
	服务质量	3	0.826
	购买便利性	2	0.761
	享乐性	2	0.843
	购买努力	2	0.765
	购买风险	4	0.873
	价格促销	2	0.773
渠道态度	搜索态度	2	0.914
	购买态度	2	0.889

4.4.2 渠道属性的效度分析

渠道属性包含了11个测量题项，为降低维度，更准确测量消费者对渠道属性的认知，需要进行效度分析。测量量表中，消费者分别评价了传统渠道和网络渠道的各渠道属性，因此，下面分别对传统渠道渠道属性和网络渠道渠道属性进行效度分析。研究中均运用SPSS19.0软件进行效度分析，计算渠道属性的主成分，采用最大方差法进行因子分析。

1.传统渠道渠道属性效度分析

传统渠道渠道属性效度分析结果中KMO值为0.913，近似卡方为11 700.533，说明数据质量非常好；Bartlett's球状检验的显著性水平为0.000，表明这些因素适合做因子分析。考虑到因子的解释性，本书提取了11个主成分，解释了80.977%的方差变异。传统渠道渠道属性各因子的旋转成分矩阵见表4-19，11个指标在其对应因子的负载远大于在其他因子上的交叉负载，表明各指标均能有效地反映其对应的因子，从而保证了较好的量表效度。所提取因子的因子载荷见表4-19中的阴影部分。

表4-19 　　　　　　　　　　传统渠道渠道属性旋转成分矩阵[a]

渠道属性	成分										
	1	2	3	4	5	6	7	8	9	10	11
搜索便利性2	.823		.105		.100		.160				.108
搜索便利性1	.791		.199		.215		.209	.103			
购买风险2		.819	.127	.188				.154			
购买风险3		.805	.164	.213	.120	.120					
购买风险4	.117	.789							.167	.107	
购买风险1		.766	.117	.180	.115	.139	.118	.155		.185	
品种丰富性2	.209	.138	.825	.124			.110		.172	.122	.117

续表

渠道属性	成分										
	1	2	3	4	5	6	7	8	9	10	11
品种丰富性3	.171	.213	.783	.102			.156		.177	.112	.109
品种丰富性1	.240	.136	.719	.154	.190		.147	.186	.102	.165	
服务质量1	.201	.185	.118	.796	.147		.105		.129		
服务质量2	.180	.164	.128	.787		.106			.123	.185	.154
服务质量3		.350	.112	.725	.116	.164	.103				
信息有效性1	.197		.126		.816						.152
信息有效性2	.130	.200		.169	.706					.153	.289
价格促销1		.149				.862				.108	
价格促销2		.115		.153	.154	.852	.127			.112	
社会互动性1	.237	.162	.179	.127		.130	.789	.110	.149	.198	
社会互动性2	.154	.179	.219	.132		.167	.786	.125	.113	.184	.109
购买努力2	.208	.259	.158	.145				.778	.129	.149	.108
购买努力1	.383	.123	.162				.172	.748	.116		
享乐性1	.187	.216	.233	.136		.100	.114	.121	.822	.103	
享乐性2	.250	.295	.273		.129		.184	.154	.723		
购买便利性2	.148	.164	.255	.123		.117	.195	.131		.795	
购买便利性1		.321	.143	.209		.213	.223		.132	.697	
搜索努力2	.246			.133	.300			.102			.764
搜索努力1		.109		.179	.508	.102					.664

提取方法：主成分。

旋转法：具有 Kaiser 标准化的正交旋转法。

a. 旋转在10次迭代后收敛。

2.网络渠道渠道属性效度分析

网络渠道渠道属性效度分析结果中KMO值为0.836，近似卡方为3 144.054，说明数据质量非常好；Bartlett's球状检验的显著性水平低于0.000，表明这些因素适合做因子分析。与传统渠道相同，本书提取了11个主成分，解释了78.052%的方差变异。网络渠道渠道属性各因子的旋转成分矩阵见表4-20，11个指标在其对应因子的负载远大于在其他因子上的交叉负载，表明各指标均能有效地反映其对应的因子，从而保证了较好的量表效度。所提取因子的因子载荷见表4-20中的阴影部分。

表4-20　　　　　　　　网络渠道渠道属性旋转成分矩阵[a]

渠道属性	成分										
	1	2	3	4	5	6	7	8	9	10	11
品种丰富性2	.867	.155		.166	.116			.121		.116	
品种丰富性3	.854	.142	.127	.161	.105			.123		.123	
品种丰富性1	.757	-.108	.277		.165			.126	.153		.179
购买风险3	.256	.750	.140								
购买风险2		.739	-.153	.235			.238				.124
购买风险4		.583			-.149	-.184	.415		.206		
购买风险1	.226	.561	.297		.143	.372			.130	-.186	.111
促销水平1	-.168	.476	-.157	.176	.159	.187	.366	.267		.237	
搜索便利性1	.213		.791	.148	.196			.164		.183	.118
搜索便利性2	.175		.763	.128	.171				.154	.213	
服务质量3	.149	.122	.113	.840					.112		
服务质量1	.190		.368	.659	.156	.149		.117	.102		
服务质量2		.169		.638		.146	.324	.190		.118	
社会互动性2	.152		.145		.869			.107	.111	.102	.172

渠道属性	成分										
	1	2	3	4	5	6	7	8	9	10	11
社会互动性1	.193		.182		.846		.133	.125	.154		.121
购买努力1				.108	.128	.800	.187	.104	.110	.168	
购买努力2	.142		.112	.165		.764		.223		.213	.122
信息有效性1		.260	.115			.140	.798		.105		
信息有效性2	.154	.136		.250	.148		.679		.175		.207
价格促销1				.161	.199	.124		.813	.151		
价格促销2	.321		.225					.738	.162	.113	.166
享乐性2	.104	.162		.137	.177	.156	.103	.116	.828	.144	
享乐性1	.129		.146			.193	.181	.176	.787		.195
搜索努力1			.168			.289				.808	
搜索努力2	.222		.247		.123				.118	.747	
购买便利性1	.178	.164	.152		.146			.204			.801
购买便利性2		.105		.217	.152	.146	.145		.221		.768

提取方法：主成分。

旋转法：具有 Kaiser 标准化的正交旋转法。

a. 旋转在 12 次迭代后收敛。

由效度分析可以看出，传统渠道和网络渠道渠道属性均具有较高的效度，说明样本数据有效性高，抽取的 11 个公因子能够较好反映传统渠道和网络渠道整体的渠道属性。

综上，样本数据通过了信度和效度检验，具有较高的可靠性和有效性，可进一步用于理论模型中的参数估计。

4.5　消费者渠道态度模型的参数估计

第3章中指出传统渠道和网络渠道消费者搜索态度、传统渠道和网络渠道消费者购买态度模型为联立方程模型，共包含4个同步方程。搜索态度方程中包含搜索态度、购买态度、搜索属性、消费者特征、产品特征等变量，如公式（3-1a）所示，搜索属性包含信息有效性、搜索便利性、品种丰富性、社会互动性、搜索努力共5个指标；购买态度方程中包含搜索态度、购买态度、购买属性、消费者特征、产品特征等变量，如公式（3-1b）所示，购买属性包含服务质量、购买便利性、享乐性、购买努力、购买风险、价格促销共6个指标。传统渠道搜索态度、网络渠道搜索态度、传统渠道购买态度和网络渠道购买态度的4个结构方程如公式（3-1a-1）、公式（3-1a-2）和公式（3-1b-1）、公式（3-1b-2）所示。下面对这些变量进行说明，并制定赋值规则。

4.5.1　变量说明及赋值规则

对渠道态度模型进行参数估计之前，首先应明确模型中各变量的数据性质，并应用统计数据为变量赋值。下面分别说明传统渠道搜索态度、网络渠道搜索态度、传统渠道购买态度和网络渠道购买态度4个联立方程模型中渠道态度、渠道搜索属性、渠道购买属性、消费者特征和产品属性的变量性质和赋值规则。

1.渠道态度和渠道属性变量说明及赋值规则

搜索态度方程中包含搜索属性，购买态度方程中包含购买属性。搜索态度用"Search"表示，购买态度用"Purchase"表示，搜索属性用X表示，购买属性用W表示。渠道态度和渠道属性变量中右下标第一位数字表示渠道类型，"1"表示传统渠道，"2"表示网络渠道，如"$Search_2$"表示网络渠道搜索态度。渠道属性右下标第二位数字表示属性的排序，如X_{11}表示传统渠道第一个搜索属性，对应传统渠道信息有效性；W_{21}表示网络渠道第一个购买属性，对应网络渠道服务质量。4个联立方程中搜索态度、购买态度、搜索属性、购买属性为连续变量，且每一个变量均包含多个测量问项。本书将变量所对应测量问项的算术平均数作为该变量的取值，如某消费者对传统渠道信息有效性的感知（对应变量X_{11}）的取值为该消费者对市场调查问卷中测量问项TINF1和TINF2填答值的算术平均数。传统渠道和网络渠道搜索态度、购买态度、搜索属性、购买属性各变量代码、名称和赋值具体见表4-21。运用SPSS19.0对问卷调查数据进行处理，计算各变量对应测量问项的平均值，得到传统渠道和网络渠道搜索态度、传统渠道和网络渠道购买态度4个理论模型中搜索态度、购买态度、搜索属性、购买属性各变量的统计数据。

表4-21　　　　　　　渠道态度和渠道属性变量说明及赋值规则

变量代码	变量名称	变量赋值
$Search_1$	传统渠道搜索态度	测量问项TSEA1、TSEA2调查值的平均值
$Search_2$	网络渠道搜索态度	测量问项ISEA1、ISEA2调查值的平均值
$Purchase_1$	传统渠道购买态度	测量问项TPUR1、TPUR2调查值的平均值
$Purchase_2$	网络渠道购买态度	测量问项IPUR1、IPUR2调查值的平均值
X_{11}	传统渠道信息有效性	测量问项TINF1、TINF2调查值的平均值
X_{12}	传统渠道搜索便利性	测量问项TSCO1、TSCO2调查值的平均值
X_{13}	传统渠道品种丰富性	测量问项TRCH1、TRCH2、TRCH3调查值的平均值
X_{14}	传统渠道社会互动性	测量问项TSSO1、TSSO2调查值的平均值
X_{15}	传统渠道搜索努力	测量问项TSEF1、TSEF2调查值的平均值
X_{21}	网络渠道信息有效性	测量问项IINF1、IINF2调查值的平均值
X_{22}	网络渠道搜索便利性	测量问项ISCO1、ISCO2调查值的平均值
X_{23}	网络渠道品种丰富性	测量问项IRCH1、IRCH2、IRCH3调查值的平均值

变量代码	变量名称	变量赋值
X_{24}	网络渠道社会互动性	测量问项 ISSO1、ISSO2 调查值的平均值
X_{25}	网络渠道搜索努力	测量问项 ISEF1、ISEF2 调查值的平均值
W_{11}	传统渠道服务质量	测量问项 TSQU1、TSQU2、TSQU3 调查值的平均值
W_{12}	传统渠道购买便利性	测量问项 TRCO1、TRCO2 调查值的平均值
W_{13}	传统渠道享乐性	测量问项 THED1、THED2 调查值的平均值
W_{14}	传统渠道购买努力	测量问项 TPEF1、TPEF2 调查值的平均值
W_{15}	传统渠道购买风险	测量问项 TPRS1、TPRS2、TPRS3、TPRS4 调查值的平均值
W_{16}	传统渠道价格促销	测量问项 TPRI1、TPRO2 调查值的平均值
W_{21}	网络渠道服务质量	测量问项 ISQU1、ISQU2、ISQU3 调查值的平均值
W_{22}	网络渠道购买便利性	测量问项 IRCO1、IRCO2 调查值的平均值
W_{23}	网络渠道享乐性	测量问项 IHED1、IHED2 调查值的平均值
W_{24}	网络渠道购买努力	测量问项 IPEF1、IPEF2 调查值的平均值
W_{25}	网络渠道购买风险	测量问项 IPRS1、IPRS2、IPRS3、IPRS4 调查值的平均值
W_{26}	网络渠道价格促销	测量问项 IPRI1、IPRO2 调查值的平均值

2.消费者特征变量说明及赋值规则

解释变量常常是定性的（例如，是男性还是女性，是城市、城镇还是农村），所以回归中必须设定一个代理变量来代表它们。虚拟变量是一个人造变量，用来达到代表定性解释变量的目的，在它所代表的定性现象发生时取1，否则取0。一旦被设定，这些代理变量，或者称为"哑元"就可以像任何其他解释变量一样用于模型中。消费者特征变量包含4个题项，为定性变量，需要转化成相应的虚拟变量才能代入方程。根据虚拟变量的转化规则，"性别"（对应结构方程中的 V_1）转化为一个虚拟变量 "Sex"，"年龄"（对应结构方程中的 V_2）转化为 5 个虚拟变量 "Age_1、Age_2、Age_3、Age_4、Age_5"，"学历"（对应结构方程中的 V_3）转化为 4 个虚拟变量 "Edu_1、Edu_2、Edu_3、Edu_4"，"地区"（对应结构方程中的 V_4）转化为 2 个虚拟变量 "Dis_1、Dis_2"。各虚拟变量的赋值遵循"虚拟变量所代表的定性现象发生时取 1，否则取 0"的基本规则。消费者特征变量定义、原变量、虚拟变量及赋值规则具体见表4-22。

表4-22　　　　　　　消费者特征虚拟变量转换及赋值规则

变量定义	原变量	虚拟变量	变量赋值	备注
性别	V_1	Sex	男性为 1，女性为 0	二值虚拟变量，设置 1 个虚拟变量，女性为基准组
年龄	V_2	Age_1	18~25 岁为 1，其他为 0	多类别虚拟变量，按照年龄段划分 6 组，设置 5 个虚拟变量。注意：17 岁及以下为基准组，5 个虚拟变量的取值均为 0
		Age_2	26~35 岁为 1，其他为 0	
		Age_3	36~45 岁为 1，其他为 0	
		Age_4	46~60 岁为 1，其他为 0	
		Age_5	61 岁及以上为 1，其他为 0	
学历	V_3	Edu_1	高中为 1，其他为 0	多类别虚拟变量，按照学历段划分 5 组，设置 4 个虚拟变量。注意：初中及以下为基准组，4 个虚拟变量的取值均为 0
		Edu_2	中专及专科为 1，其他为 0	
		Edu_3	大学本科为 1，其他为 0	
		Edu_4	硕士及以上为 1，其他为 0	
地区	V_4	Dis_1	城市为 1，其他为 0	多类别虚拟变量，按照地区划分 3 组，设置 2 个虚拟变量。注意：农村为基准组，2 个虚拟变量均为 0
		Dis_2	城镇为 1，其他为 0	

根据表4-22中各虚拟变量的赋值规则，对问卷调查中测量问项 Sex、Age、Edu、Dis 原始数据逐条修正，对各虚拟变量赋值，得到

传统渠道和网络渠道搜索态度、传统渠道和网络渠道购买态度4个理论模型中消费者特征相关变量的统计数据。

3.产品属性变量说明及赋值规则

与消费者人口统计特征变量相同，产品属性变量在结构方程中也是定性变量，需要转换成相应的虚拟变量才能代入结构方程。产品的搜索性（对应结构方程中的U），用虚拟变量"U"表示，消费者所购买产品类别为搜索产品时，该变量取值为1，消费者所购买产品类别为体验产品时，该变量取值为0；产品的风险性（对应结构方程中的R），用虚拟变量"R"表示，消费者所购买产品类别为高风险产品时，该变量取值为1，消费者所购买产品类别为低风险产品时，该变量取值为0。产品属性虚拟变量及赋值见表4-23。

表4-23　　　　　　　**产品属性虚拟变量转换及赋值规则**

变量定义	原变量	虚拟变量	变量赋值
搜索性	U	U	产品为搜索产品时，取值为1；产品为体验产品时，取值为0；体验产品为基准组
风险性	R	R	产品为高风险产品时，取值为1；产品为低风险产品时，取值为0；低风险产品为基准组

本书正式调查问卷中包含书、个人电脑、服装、化妆品、零食、文具、手机、玩具8个产品类别，参数估计之前需要根据每一产品类别的搜索性和风险性特征，将其转换为产品属性虚拟变量中的观测值，因此首先应确定转换规则。根据前文中的研究，书、文具是低风险搜索产品，根据表4-23的赋值规则，其对应的风险性虚拟变量取值为0，搜索性虚拟变量取值为1；同理，个人电脑、手机是高风险搜索产品，对应的风险性虚拟变量取值为1，搜索性虚拟变量取值为1；服装、化妆品是高风险体验产品，对应的风险性虚拟变量取值为1，搜索性虚拟变量取值为0；零食、玩具属于低风险体验产品，对应的风险性虚拟变量取值为0，搜索性虚拟变量取值为0。综上所述，8种产品类别在虚拟变量中的赋值规则见表4-24。

表4-24   **产品类别的赋值规则**

产品类别	搜索性虚拟变量（U）	风险性虚拟变量（R）
书	1	0
个人电脑	1	1
服装	0	1
化妆品	0	1
文具	1	0
零食	0	0
手机	1	1
玩具	0	0

根据表4-24中各产品类别的赋值规则，对问卷调查中测量问项PRO原始数据逐条修正，对产品属性各虚拟变量赋值，得到传统渠道搜索态度、网络渠道搜索态度、传统渠道购买态度和网络渠道购买态度4个理论模型中产品属性相关变量的统计数据。

经过虚拟变量转换后的传统渠道搜索态度模型如公式（4-1a-1）所示，网络渠道搜索态度模型如公式（4-1a-2）所示，传统渠道购买态度模型如公式（4-1b-1）、网络渠道购买态度模型如公式（4-1b-2）所示。

$$
\begin{aligned}
\text{Search}_1 = {} & \alpha^{s1} + \gamma_2^{s1}\text{Search}_2 + w_1^{s1}\text{Purchase}_1 + \omega_2^{s1}\text{Purchase}_2 + \beta_1^{s1}X_{11} + \beta_2^{s1}X_{12} + \\
& \beta_3^{s1}X_{13} + \beta_4^{s1}X_{14} + \beta_5^{s1}X_{15} + \phi_1^{s1}\text{Sex} + \phi_{21}^{s1}\text{Age}_1 + \phi_{22}^{s1}\text{Age}_2 + \\
& \phi_{23}^{s1}\text{Age}_3 + \phi_{24}^{s1}\text{Age}_4 + \phi_{25}^{s1}\text{Age}_5 + \phi_{31}^{s1}\text{Edu}_1 + \phi_{32}^{s1}\text{Edu}_2 + \\
& \phi_{33}^{s1}\text{Edu}_3 + \phi_{34}^{s1}\text{Edu}_4 + \phi_{41}^{s1}\text{Dis}_1 + \phi_{42}^{s1}\text{Dis}_2 + k_1^{s1}U + d_1^{s1}R + \varepsilon_1^s
\end{aligned}
$$

公式（4-1a-1）

$$
\begin{aligned}
\text{Search}_2 = {} & \alpha^{s2} + \gamma_1^{s2}\text{Search}_1 + w_1^{s2}\text{Purchase}_1 + \omega_2^{s2}\text{Purchase}_2 + \beta_1^{s2}X_{21} + \beta_2^{s2}X_{22} + \\
& \beta_3^{s2}X_{23} + \beta_4^{s2}X_{24} + \beta_5^{s2}X_{25} + \phi_1^{s2}\text{Sex} + \phi_{21}^{s2}\text{Age}_1 + \phi_{22}^{s2}\text{Age}_2 + \\
& \phi_{23}^{s2}\text{Age}_3 + \phi_{24}^{s2}\text{Age}_4 + \phi_{25}^{s2}\text{Age}_5 + \phi_{31}^{s2}\text{Edu}_1 + \phi_{32}^{s2}\text{Edu}_2 + \\
& \phi_{33}^{s2}\text{Edu}_3 + \phi_{34}^{s2}\text{Edu}_4 + \phi_{41}^{s2}\text{Dis}_1 + \phi_{42}^{s2}\text{Dis}_2 + k_1^{s2}U + d_1^{s2}R + \varepsilon_2^s
\end{aligned}
$$

公式（4-1a-2）

$$Purchase_1 = \alpha^{p1} + \gamma_1^{p1}Search_1 + \gamma_2^{p1}Search_2 + \omega_2^{p1}Purchase_2 + \beta_1^{p1}X_{11} + \beta_2^{p1}X_{12} +$$
$$\beta_3^{p1}X_{13} + \beta_4^{p1}X_{14} + \beta_5^{p1}X_{15} + \phi_1^{p1}Sex + \phi_{21}^{p1}Age_1 + \phi_{22}^{p1}Age_2 +$$
$$\phi_{23}^{p1}Age_3 + \phi_{24}^{p1}Age_4 + \phi_{25}^{p1}Age_5 + \phi_{31}^{p1}Edu_1 + \phi_{32}^{p1}Edu_2 +$$
$$\phi_{33}^{p1}Edu_3 + \phi_{34}^{p1}Edu_4 + \phi_{41}^{p1}Dis_1 + \phi_{42}^{p1}Dis_2 + k_1^{p1}U + d_1^{p1}R + \varepsilon_1^p$$

公式（4-1b-1）

$$Purchase_2 = \alpha^{p2} + \gamma_1^{p2}Search_1 + \gamma_2^{p2}Search_2 + \omega_1^{p2}Purchase_1 + \beta_1^{p2}X_{21} + \beta_2^{p2}X_{22} +$$
$$\beta_3^{p2}X_{23} + \beta_4^{p2}X_{24} + \beta_5^{p2}X_{25} + \phi_1^{p2}Sex + \phi_{21}^{p2}Age_1 + \phi_{22}^{p2}Age_2 +$$
$$\phi_{23}^{p2}Age_3 + \phi_{24}^{p2}Age_4 + \phi_{25}^{p2}Age_5 + \phi_{31}^{p2}Edu_1 + \phi_{32}^{p2}Edu_2 +$$
$$\phi_{33}^{p2}Edu_3 + \phi_{34}^{p2}Edu_4 + \phi_{41}^{p2}Dis_1 + \phi_{42}^{p2}Dis_2 + k_1^{p2}U + d_1^{p2}R + \varepsilon_2^p$$

公式（4-1b-2）

综上，通过对传统渠道和网络渠道搜索和购买态度、传统渠道和网络渠道搜索和购买属性、消费者特征、产品属性等变量的说明及对应问卷中相关数据的进一步处理，得到了传统渠道搜索态度、网络渠道搜索态度、传统渠道购买态度和网络渠道购买态度等因变量和传统渠道搜索属性、网络渠道搜索属性、传统渠道购买属性、网络渠道购买属性、消费者特征、产品属性等自变量的统计数据，为进一步对传统渠道搜索态度、网络渠道搜索态度、传统渠道购买态度和网络渠道购买态度4个理论模型进行统计分析、估计模型中的参数奠定了数据基础。

4.5.2　模型识别及估计方法选择

1.模型识别

估计联立方程模型之前，首先要解决模型识别问题。秩条件和阶条件识别、协方差约束识别与非样本信息识别是主要的联立方程识别方法，其中秩条件和阶条件识别最为常用。假设联立方程模型的结构式BY + TX = U中的第i个方程中包含ki个内生变量（含被解释变量）和gi个先决变量（含常数项），矩阵（B_0, T_0）表示第i个方程中未包含的变量（包括内生变量和先决变量）在其他k-1个方程中对应的系数所组成的矩阵，k和g分别表示联立方程模型中的内生变量和先决变量总数。于是，判断第i个结构方程识别状态的秩条件和阶条件为：

如果 $rank(B_0, T_0) < k-1$，则第 i 个结构方程不可识别；

如果 $rank(B_0, T_0) = k-1$，则第 i 个结构方程可以识别；并且

如果 $g-g_i = k_i-1$，则第 i 个结构方程恰好可识别；

如果 $g-g_i > k_i-1$，则第 i 个结构方程过度可识别。

式中 rank() 表示矩阵的秩，由公式（4-1a）和公式（4-1b）构成的联立方程模型的秩条件和阶条件发现，4 个结构方程参数矩阵的秩均为 2，即等于内生变量个数减 1，均为可识别的，说明联立方程模型的参数都是可估计的；联立方程模型先决变量总数与 3 个结构方程所含先决变量之差均大于其内生变量个数减 1，故 4 个结构方程均为过度识别，说明其参数估计值可能不唯一，但这并不影响对模型结果的分析。

注意：Y 表示 k×T 的内生变量矩阵，T 表示样本容量，k 表示内生变量个数，X 表示 g×T 的先决变量矩阵，g 表示先决变量的个数，U 表示 k×T 的结构性扰动项矩阵，B 表示内生变量的 k×k 结构参数矩阵，T 表示先决变量的 k×g 结构参数矩阵（高铁梅，2007）。

本书构建的 4 个联立方程系统共有 4 个内生变量，即 $Search_1$、$Search_2$、$Purchase_1$、$Purchase_2$；22 个外生变量，即 X_{11}、X_{12}、X_{13}、X_{14}、X_{15}、W_{11}、W_{12}、W_{13}、W_{14}、W_{15}、W_{16}、X_{21}、X_{22}、X_{23}、X_{24}、X_{25}、W_{21}、W_{22}、W_{23}、W_{24}、W_{25}、W_{26}。每个方程均含有 3 个内生解释变量。第一个方程排斥了 17 个外生变量，即有 17 个工具变量，根据联立方程模型识别阶条件，为过度可识别；以此类推，第二个、第三个、第四个方程分别有 17 个、16 个、16 个工具变量，也均为过度可识别。

2.模型估计方法选择

过度可识别模型估计一般采用二阶段最小二乘法，而保证参数估计量具有无偏性、有效性和一致性，需要满足两个前提条件：一是二阶段最小二乘法估计简化式方程须满足联立方程模型基本假设：随机误差项满足经典线性模型假定[①]。二是简化式模型中的每一个方程满

[①] 经典线性模型假定比高斯-马尔科夫假定具有更高的估计效率，即随机误差项满足零均值、同方差、正态分布。

足单方程计量经济学模型的基本假设。考虑到4个方程之间可能存在随机扰动项等联系，采用系统估计法、同步给出三阶段最小二乘法估计结果。

联立方程模型的估计方法主要有单方程估计法和联合估计法，二者最常用的方法分别是二阶段最小二乘法（2SLS）和三阶段最小二乘法（3SLS）。如果联立方程模型中假定为外生的变量与结构方程中的扰动项不相关，使用联合估计法能够增进估计效率；反之，若二者相关，采用联合估计法的结果将有偏，则适宜使用单方程估计法。普通最小二乘法（OLS）不能估计被嵌入含有两个或多个方程的联立方程模型系统中的单个模型，本书采用3SLS对联立方程模型进行估计。

4.5.3 参数估计结果分析

运用Stata12.0，采用三阶段最小二乘法估计出了联立方程模型的参数。以下是从产品总体和4种产品类型两个方面对渠道属性、渠道内锁定和渠道间协同的详细分析。

1.渠道属性估计结果分析

表4-25显示了产品总体下渠道属性的估计系数、显著性水平和它们的标准差。搜索属性中，传统（网络）渠道搜索便利性、信息有效性在1%的水平上高度显著，社会互动性在10%的水平上显著；3个变量回归系数为正，说明传统（网络）渠道搜索便利性、信息有效性、社会互动性越强，消费者传统（网络）渠道搜索意愿越积极；但品种丰富性在传统渠道和网络渠道中均不显著，说明品种丰富性对消费者传统（网络）渠道搜索意愿无显著影响，原因可能是研究中所列举的8种产品类别在传统渠道、网络渠道的商品品类无明显差异；搜索努力在传统渠道中5%的水平上显著，在网络渠道中1%的水平上显著；回归系数为负，说明传统（网络）渠道搜索努力越大，消费者传统（网络）搜索意愿越消极。

表4-25　产品总体下渠道搜索属性和购买属性参数估计结果

变量	传统渠道		网络渠道	
	搜索意愿	购买意愿	搜索意愿	购买意愿
信息有效性	0.1399***		0.0801***	
搜索便利性	0.0571***		0.0713***	
品种丰富性	0.0377		0.0026	
社会互动性	0.0129*		0.0256*	
搜索努力	−0.0445**		−0.0490***	
服务质量		0.0385*		0.0296*
购买便利性		0.0822***		0.0110*
享乐性		0.0246*		0.0294*
购买努力		−0.0248*		−0.0139*
购买风险		−0.0451*		−0.0350**
价格促销		−0.0043		−0.0119

注：***表示显著性水平 p≤0.01；**表示显著性水平 0.01<p≤0.05；*表示显著性水平 0.05<p≤0.10。

购买属性中，传统（网络）渠道服务质量、享乐性在10%的水平上显著，购买便利性在传统渠道显著性水平为1%，高于网络渠道10%的显著性水平；3个变量回归系数为正，说明传统（网络）渠道服务质量越高，享乐性、购买便利性越强，消费者传统（网络）渠道购买意愿越积极，部分验证了假设3；传统（网络）渠道购买努力在10%的水平上显著，购买风险传统渠道在10%的水平上显著，网络渠道在5%的水平上显著；两个变量回归系数为负，说明传统（网络）渠道购买努力、购买风险越大，消费者传统（网络）渠道购买意愿越消极。值得注意的是，由"产品价格"和"促销水平"合并成的"价格促销"因子在传统、网络渠道中均不显著，说明价格促销对消费者传统（网络）渠道购买意愿无显著影响，原因可能是多渠道零售环境下，消费者购买决策选择已非"便宜"，且随着"线上线下同品同价"等协同战略的实施，价格促销已不是影响消费者购买渠道选择的主要因素。

表4-26显示了4种产品类型下渠道搜索属性的估计系数、显著性水平和它们的标准差。结果表明：传统渠道与网络渠道的信息有效性、搜索便利性、搜索努力在4种产品类型中均显著，其中信息有效性、搜索便利性正向显著（参数估计结果为正），搜索努力负向显著（参数估计结果为负），说明信息有效性、搜索便利性、搜索努力是消费者购买这4种类型的产品时均关注的渠道搜索属性。信息有效性、搜索便利性越强，消费者越倾向于选择该渠道搜索信息；付出的搜索努力越多，消费者越愿意选择该渠道搜索信息。品种丰富性仅在低风险体验产品中正向显著（0.0304*），说明购买低风险体验产品时，渠道的品种丰富性越强，消费者越倾向于选择该渠道搜索信息；社会互动性在低风险搜索产品和高风险搜索产品中正向显著，说明购买搜索产品时，渠道社会互动性越强，消费者越倾向于选择该渠道搜索信息。

表4-26　　　　　　　4种产品类型下渠道搜索属性参数估计结果

变量	高风险搜索产品		低风险搜索产品		高风险体验产品		低风险体验产品	
	传统渠道	网络渠道	传统渠道	网络渠道	传统渠道	网络渠道	传统渠道	网络渠道
信息有效性	0.1969***	0.1549**	0.0689**	0.1110***	0.0887*	0.0063*	0.2975***	0.0946*
搜索便利性	0.0556*	0.1131***	0.0425*	0.1156***	0.0415*	0.0051*	0.1441***	0.0734***
品种丰富性	0.0266	0.0259	0.0211	0.0185	0.1130	0.0066	0.0304*	0.0515**
社会互动性	0.0036	0.0640*	0.0233*	0.0627*	0.0397	0.0004	0.0735	0.0022
搜索努力	-0.0773**	-0.0916*	-0.0225*	-0.0889**	-0.0401*	-0.0050*	-0.0876*	-0.0040*

　　注：***表示显著性水平 $p \leqslant 0.01$；**表示显著性水平 $0.01 < p \leqslant 0.05$；*表示显著性水平 $0.05 < p \leqslant 0.10$。

表4-27显示了4种产品类型下渠道购买属性的估计系数、显著性水平和它们的标准差。结果表明：传统渠道与网络渠道的购买努力

和购买风险在4种产品类型中均负向显著（参数估计结果为负），说明购买努力、购买风险是消费者购买这4种类型的产品时都关注的渠道属性。购买努力、购买风险越强，消费者越不倾向于选择该渠道购买。享乐性在低风险搜索产品、高风险体验产品、低风险体验产品中正向显著，却在高风险搜索产品中不显著，说明渠道享乐性越强，消费者越倾向于选择该渠道购买，但不影响消费者购买高风险搜索产品时对该渠道的购买意愿；服务质量在高风险搜索产品、高风险体验产品、低风险体验产品中正向显著，却在低风险搜索产品中不显著，说明渠道服务质量越高，消费者越倾向于选择该渠道购买，但不影响消费者购买低风险搜索产品时对该渠道的购买意愿；购买便利性在高风险搜索产品、低风险搜索产品、高风险体验产品中正向显著，却在低风险体验产品中不显著，说明渠道购买便利性越强，消费者越倾向于选择该渠道购买，但不影响消费者购买低风险体验产品时对该渠道的购买意愿；价格促销在这4种产品类型特征中均不显著，说明价格促销不影响消费者选择通过传统渠道和网络渠道购买的意愿，原因可能是随着"茧式"生活的出现，消费者更注重"便利"而非"便宜"。

表4-27　　　　4种产品类型下渠道购买属性参数估计结果

变量	高风险搜索产品		低风险搜索产品		高风险体验产品		低风险体验产品	
	传统渠道	网络渠道	传统渠道	网络渠道	传统渠道	网络渠道	传统渠道	网络渠道
服务质量	0.0248*	0.0059*	0.0293	0.0214	0.0666*	0.0196*	0.0751*	0.0441*
购买便利性	0.0641*	0.0290*	0.0128*	0.0606**	0.1227**	0.0013*	0.0157	0.0315
享乐性	0.0271	0.0068	0.0453**	0.0668**	0.0856*	0.0019	0.0620*	0.0967***
购买努力	−0.0700*	−0.0164*	−0.0376*	−0.0358*	−0.0359*	−0.0044*	−0.0146*	−0.0403*
购买风险	−0.1682**	−0.0011*	−0.0039*	−0.0572*	−0.1312*	−0.0096*	−0.2066***	−0.0174*
价格促销	−0.0105	−0.0097	−0.0015	−0.0166	−0.0441	−0.0132	−0.0420	−0.0046

注：***表示显著性水平 $p \leq 0.01$；**表示显著性水平 $0.01 < p \leq 0.05$；*表示显著性水平 $0.05 < p \leq 0.10$。

综上所述，4种产品类型下搜索属性和购买属性在传统渠道、网络渠道搜索态度和购买态度方程中的显著性存在明显差异。搜索方程中，信息有效性、搜索便利性、搜索努力在4种产品类别中均显著；品种丰富性仅在低风险体验产品中显著，在另外3种产品类型中均不显著；社会互动性在低风险搜索产品和高风险搜索产品中显著，在另外两种产品类型中不显著。购买方程中，购买努力和购买风险在4种产品类型中均显著；价格促销在4种产品类型中均不显著；享乐性在高风险搜索产品中不显著，在另外3种产品类型中显著；服务质量在低风险搜索产品中不显著，在另外3种产品类型中显著；购买便利性在低风险体验产品中不显著，在另外3种产品类型中显著。

2.渠道内锁定和渠道间协同估计结果分析

某一渠道搜索意愿对购买意愿或购买意愿对搜索意愿的影响系数表示渠道内锁定（见公式（3-1a）和公式（3-1b）），共有4个系数，见表4-28中粗黑数字。传统渠道2个系数在1%的水平上显著，搜索意愿对购买意愿影响系数为0.7097，购买意愿对搜索意愿影响系数为0.6358，说明消费者传统渠道搜索意愿越强，传统渠道购买意愿也越强，消费者传统渠道购买意愿越强，传统渠道搜索意愿也越强。网络渠道2个系数在统计上不显著，搜索意愿对购买意愿的回归系数为0.3062，购买意愿对搜索意愿的回归系数为0.7800，说明消费者网络渠道搜索（购买）意愿不影响消费者网络渠道购买（搜索）意愿。

表4-28　产品类别总体下渠道内锁定和渠道间协同参数估计结果

变量			影响（因变量）			
			传统渠道		网络渠道	
			搜索意愿	购买意愿	搜索意愿	购买意愿
影响（自变量）	传统渠道	搜索意愿		**0.7097*****	−0.2838***	0.2981***
		购买意愿	**0.6358*****		0.2784***	−0.8270***
	网络渠道	搜索意愿	−0.8799***	0.6009***		**0.3062**
		购买意愿	0.9503***	−0.6525***	**0.7800**	

注：***表示显著性水平 p≤0.01；**表示显著性水平 0.01<p≤0.05；*表示显著性水平 0.05<p≤0.10。

渠道间协同用不同渠道搜索和购买之间的系数来表示（如网络渠道搜索信息传统渠道购买），共有8个系数，均在1%的水平上显著，见表4-28。传统渠道搜索意愿对网络渠道购买意愿的影响系数为0.2981，说明消费者传统渠道搜索意愿越强，网络渠道购买意愿越强；网络渠道搜索意愿对传统渠道购买意愿的影响系数为0.6009，说明消费者网络渠道搜索意愿越强，传统渠道购买意愿越强；值得注意的是，传统渠道购买意愿对网络渠道搜索意愿的影响系数为0.2784，说明消费者传统渠道购买意愿越强，网络渠道搜索意愿越强，表明传统渠道购买网络渠道搜索存在协同性，但研究中仅考虑单次购买行为，而且消费者实际购买行为中先搜索信息，后购买，因而此系数不再阐述。同理，网络渠道购买意愿对传统渠道搜索意愿的影响系数（0.9503）也不再阐述。另外，传统渠道购买意愿对网络渠道购买意愿的影响系数（-0.8270）、网络渠道搜索意愿对传统渠道搜索意愿的影响系数（-0.8799）、网络渠道购买意愿对传统渠道购买意愿的影响系数（-0.6525）与传统渠道搜索意愿对网络渠道搜索意愿的影响系数（-0.2838）虽统计上显著，但均是搜索意愿对搜索意愿的影响或购买意愿对购买意愿的影响，并未涉及搜索信息与产品购买两个阶段，因而此4个系数不再阐述。

4种产品类型下渠道内锁定和渠道间协同参数估计结果见表4-29。4种产品类型下，传统渠道搜索对传统渠道购买、传统渠道购买对传统渠道搜索均正向显著（参数估计结果为正，且 $p \leqslant 0.01$ ），说明消费者传统渠道搜索意愿越积极，传统渠道购买意愿也越积极，反之亦然，表明传统渠道锁定性强；对于高风险搜索产品、高风险体验产品、低风险体验产品，网络渠道搜索对网络渠道购买、网络渠道购买对网络渠道搜索影响不显著，说明网络渠道缺乏锁定性，但对于低风险搜索产品，网络渠道搜索（购买）对网络渠道购买（搜索）的影响正向显著（0.7733、0.5556），说明购买低风险搜索产品时，消费者网络渠道搜索（购买）意愿正向影响其网络渠道购买（搜索）意愿，网络渠道具有锁定性。

表4-29 渠道内锁定和渠道间协同参数估计结果

变量			传统渠道		网络渠道	
			搜索	购买	搜索	购买
高风险搜索产品	传统渠道	搜索		0.6612***	-0.2514**	0.2983
		购买	0.5552***		0.1588*	-0.2034
	网络渠道	搜索	-0.5297***	0.3593*		0.6617
		购买	0.7457	0.4661	0.8271	
低风险搜索产品	传统渠道	搜索		0.8098***	-0.6579***	0.8696
		购买	0.8037***		0.7341	-0.9355***
	网络渠道	搜索	-0.4697**	0.4749		0.7733***
		购买	0.4616	-0.4417***	0.5556***	
高风险体验产品	传统渠道	搜索		0.7509***	-0.2936***	0.2095***
		购买	0.4699***		0.2186***	-0.1264*
	网络渠道	搜索	-1.0753***	0.7812**		0.9203
		购买	1.1594***	-0.6368*	1.0526	
低风险体验产品	传统渠道	搜索		0.6896***	-0.0799	0.0749
		购买	0.4635***		-0.1080*	-0.0445
	网络渠道	搜索	-0.0994	0.1959		0.7899
		购买	0.0961	-0.1729	0.7076	

注:***表示显著性水平 $p \leqslant 0.01$;**表示显著性水平 $0.01 < p \leqslant 0.05$;*表示显著性水平 $0.05 < p \leqslant 0.10$。

渠道间协同方面,对于高风险搜索产品,8个系数中4个系数显著,4个系数不显著。网络渠道搜索对传统渠道购买正向显著(0.3593),说明消费者网络渠道搜索意愿越积极,传统渠道购买意愿越积极,网络渠道搜索传统渠道购买协同性强;同理,传统渠道购买意愿正向影响网络渠道搜索意愿,网络渠道搜索意愿负向影响传统渠道搜索意愿,网络渠道搜索意愿负向影响传统渠道搜索意愿。传统渠道搜索对网络渠道购买不显著,说明传统渠道搜索网络渠道购买缺乏协同性;同理,网络渠道购买意愿不影响传统渠道搜索意愿,传统渠道购买意愿与网络渠道购买意愿之间不存在相互影响。

　　对于低风险搜索产品，8个系数中4个系数在1%的水平上负向显著，4个系数不显著。网络渠道搜索意愿负向影响传统渠道搜索意愿（−0.4697），说明网络渠道搜索意愿越积极，传统渠道搜索意愿越消极；同理，传统渠道搜索意愿越积极，网络渠道搜索意愿越消极；传统（网络）渠道购买意愿越积极，网络（传统）渠道购买意愿越消极。传统渠道搜索网络渠道购买、网络渠道搜索传统渠道购买、网络渠道购买传统渠道搜索、传统渠道购买网络渠道搜索在统计上不显著，说明消费者感知传统渠道和网络渠道缺乏协同性。

　　对于高风险体验产品，8个系数中4个正向显著，4个负向显著。网络渠道搜索意愿正向影响传统渠道购买意愿（0.7812），说明消费者网络渠道搜索意愿越积极，传统渠道购买意愿越积极；传统渠道搜索意愿正向影响网络渠道购买意愿（0.2095），说明消费者传统渠道搜索意愿越积极，网络渠道购买意愿越积极；同理可以解释另外6个系数，网络渠道搜索传统渠道购买和传统渠道搜索网络渠道购买均具有较高的协同性。

　　对于低风险体验产品，8个系数中仅有1个系数在10%的水平上显著。传统渠道购买意愿负向影响网络渠道搜索意愿（−0.1080），说明传统渠道购买意愿越积极，网络渠道搜索意愿越消极；另外7个系数在统计上不显著，表明传统渠道和网络渠道缺乏协同性。

　　综上，对于高风险搜索产品、低风险搜索产品、高风险体验产品、低风险体验产品，消费者感知传统渠道、网络渠道内锁定和渠道间协同存在明显的差异。4种产品类型下，消费者感知传统渠道具有强锁定性，网络渠道普遍被认为缺乏锁定性，但对于低风险搜索产品，消费者感知网络渠道具有强锁定性。渠道间协同方面，对于低风险搜索产品、低风险体验产品，消费者感知传统渠道搜索网络渠道购买和网络渠道搜索传统渠道购买均缺乏协同性；对于高风险搜索产品，消费者感知网络渠道搜索传统渠道购买协同性强，传统渠道搜索网络渠道购买缺乏协同性；而对于高风险体验产品，消费者感知网络渠道搜索传统渠道购买和传统渠道搜索网络渠道购买均具有较高的协同性。

4.6　消费者渠道选择模型的参数估计

第 3 章中指出消费者搜索渠道选择模型为二元 Logit 模型，包含两个方程，如第 3 章第 4 节中公式（3-2a-1）和公式（3-2a-2）所示；消费者购买渠道选择模型为二元 Logit 模型，也包含两个方程，如第 3 章第 4 节中公式（3-3a-1）和公式（3-3a-2）所示。下面从数据及变量说明、模型识别及估计方法选择、参数估计结果分析 3 个方面对消费者渠道选择模型进行参数估计。

4.6.1　数据及变量说明

对传统渠道和网络渠道搜索选择模型、传统渠道和网络渠道购买选择模型参数估计之前，首先应明确 4 个理论方程中各变量的性质，得到各个方程中自变量和因变量的统计数据。搜索选择方程中搜索态度为自变量，搜索选择为因变量；购买选择方程中购买态度为自变量，购买选择为因变量。

4 个理论方程中搜索态度、购买态度为连续变量，搜索态度用变量 "Search" 表示、购买态度用变量 "Purchase" 表示，右下标 "1" 表示传统渠道、"2" 表示网络渠道，且每一个变量均包含两个测量问项。研究中将变量所对应测量问项的算术平均数作为该变量的取值，如某消费者传统渠道搜索态度（对应变量 $Search_1$）的取值为测量问项 TSEA1 和 TSEA2 被调查者填答值的算术平均数。消费者搜索选择、购买选择为离散变量，搜索选择用变量 "Searchchoice" 表示，$Searchchoice_1$ 表示传统渠道搜索选择，$Searchchoice_2$ 表示网络渠道搜索选择，消费者选择感知效用大于 0 的渠道搜索产品信息。搜索选择包含一个测量问项 SEA，如 SEA 测项中被调查者的回答为传统渠道，则 $Searchchoice_1$ 赋值为 1，$Searchchoice_2$ 赋值为 0；如 SEA 测项中被调查者的回答为网络渠道，则 $Searchchoice_1$ 赋值为 0，$Searchchoice_2$ 赋值为 1；如 SEA 测项中被调查者的回答为多渠道，则 $Searchchoice_1$ 赋值为1，Searchchoice$_2$赋值为1。购买选择用变量"Purchasechoice"表示，Purchasechoice$_1$表示传统渠道购买选择，Purchasechoice$_2$表示网络渠道购买选择。基于理性行为理论，消费者选择效用最大化的渠道购买产品，因而购买选择的赋值不仅要考虑被调查者的购买渠道选择，同时还要比较消费者对传统渠道、网络渠道的感知效用。研究中发现消费者购买态度反映了消费者感知渠道效用，因而要比较消费者传统（网络）渠道购买态度。购买选择包含一个测量问项PUR，如PUR测项中被调查者的回答为传统渠道，且该被调查者传统渠道购买态度值高于网络渠道购买态度，则Purchasechoice$_1$赋值为1，Purchasechoice$_2$赋值为0；同理，如PUR测项中被调查者的回答为网络渠道，且该被调查者网络渠道购买态度值高于传统渠道购买态度，则Purchasechoice$_1$赋值为0，Purchasechoice$_2$赋值为1。4个方程中各变量含义和赋值见表4-30。

表4-30　　　　渠道选择模型中的变量说明及赋值规则

变量代码	变量名称	变量赋值
Search$_1$	传统渠道搜索态度	测量问项TSEA1、TSEA2调查值的平均值
Search$_2$	网络渠道搜索态度	测量问项ISEA1、ISEA2调查值的平均值
Purchase$_1$	传统渠道购买态度	测量问项TPUR1、TPUR2调查值的平均值
Purchase$_2$	网络渠道购买态度	测量问项IPUR1、IPUR2调查值的平均值
Searchchoice$_1$	传统渠道搜索选择	测量问项SEA中如果被调查者的回答是传统渠道，赋值为1，否则为0
Searchchoice$_2$	网络渠道搜索选择	测量问项SEA中如果被调查者的回答是网络渠道，赋值为1，否则为0
Purchasechoice$_1$	传统渠道购买选择	测量问项PUR中如果被调查者的回答是传统渠道，而且该被调查者对传统渠道态度评价高于网络渠道态度，赋值为1，否则为0
Purchasechoice$_2$	网络渠道购买选择	测量问项PUR中如果被调查者的回答是网络渠道，而且该被调查者对网络渠道态度评价高于传统渠道态度，赋值为1，否则为0

根据表4-30的赋值规则对问卷中测量问项SEA和PRO对应的调查数据进行修正，得到消费者传统渠道搜索选择、消费者网络渠道搜索选择、消费者传统渠道购买选择、消费者网络渠道购买选择4个理论方程中各自变量和因变量的统计数据，为下一步对这些理论模型中各参数的估计提供数据了基础。

4.6.2　模型识别及估计方法选择

Logit模型和Probit模型均是二分变量建模的理想选择，但在Logit中，条件概率接近0或1的速度比在Probit中慢。不过，在实践中没人能给出有说服力的理由来证明一种方法比另一种更优越，出于数学上相对简便性的考虑，很多研究者会选择Logit模型。

Logit模型的估计取决于用于分析的数据类型，个体或微观水平上的数据，OLS估计是不可行的，目前运用最广泛且具有统计特性的方式是最大似然法。因此，本书选择最大似然法得到消费者渠道选择模型各参数Logit估计结果。

4.6.3　参数估计结果分析

根据渠道选择模型赋值规则得到传统渠道搜索选择模型、网络渠道搜索选择模型、传统渠道购买选择模型、网络渠道购买选择模型4个方程中自变量和因变量的统计数据，运用Stata12.0软件对数据进行处理，得到4个理论模型中参数估计结果。

1.传统渠道搜索选择模型参数估计结果分析

传统渠道搜索选择模型反映传统渠道搜索态度对传统渠道搜索选择的影响。一般而言，二值选择模型（Probit或Logit）假设随机扰动项是同方差，需要对随机扰动项方差进行似然比检验：H_0: $\delta = 0$。Stata12.0运算结果显示，传统渠道搜索选择模型中$\chi^2(1) = 0.14$，P = 0.7121，不拒绝同方差的原假设。为了比较，表4-31给出传统渠道搜索选择模型使用OLS进行的线性概率模型、Probit和Logit估计结果。

表4-31   传统渠道搜索选择模型参数估计结果

变量	OLS	Probit	Logit	
Search$_1$	0.2022	0.5610	0.9262	回归系数
	0.0224	0.0656	0.1122	标准误差
	9.0090	8.5530	8.2511	T值
	0.0000	0.0000	0.0000	P值
_cons	−0.2553	−2.0938	−3.4513	
	0.0763	0.2259	0.3883	
	−3.3447	−9.2680	−8.8881	
	0.0009	0.0000	0.0000	
R^2或准R^2	0.0846	0.0663	0.0667	
F值或χ^2值	81.16***	78.258	78.6	
		0.2181***	0.2238***	回归系数
样本均值边际效应		0.0254	0.0269	标准误差
		8.58	8.31	T值
		0.000	0.000	P值
正确预测比率		65.21%	65.21%	

注：***表示显著性水平p≤0.01。

由表4-31中数据可以看出，自变量传统渠道搜索态度（Search$_1$）系数ψ_{11}的OLS、Probit和Logit估计值依次为0.2022、0.5610、0.9262，均在1%的水平上显著。常数项ψ_{01}的OLS、Probit和Logit估计值依次为−0.2553、−2.0938、−3.4513，均在1%的水平上显著。这说明传统渠道搜索态度显著正向影响传统渠道搜索选择，传统渠道搜索态度越积极，越倾向于选择传统渠道搜索产品信息。Probit模型在样本均值处的边际效应值为0.2181且通过1%显著性检验，此值与OLS回归系数0.2022相差不大。计算得到Probit模型正确预测的比率为65.21%。而Logit模型的边际效应0.2238、准R^2以及正确预测比率与Probit模型完全相同，故认为两个模型基本等价（注意，两者的回归系数有差异，但不具有可比性）。根据前文中的分析，本书选择Logit估计结果进行分析。

2.网络渠道搜索选择模型参数估计结果分析

网络渠道搜索选择模型反映网络渠道搜索态度对网络渠道搜索选择的影响。Stata12.0运算结果显示，网络渠道搜索选择模型中 $\chi^2(1) = 0.38$，$P = 0.5391$，不拒绝同方差的原假设。网络渠道搜索选择模型使用OLS进行的线性概率模型、Probit和Logit的参数估计结果见表4-32。

表4-32 网络渠道搜索选择模型参数估计结果

变量	OLS	Probit	Logit
Search$_2$	0.1244	0.3238	0.5230
	0.0259	0.0686	0.1122
	4.7996	4.7231	4.6630
	0.0000	0.0000	0.0000
_cons	0.1225	-0.9848	-1.5931
	0.0973	0.2562	0.4180
	1.2589	-3.8440	-3.8113
	0.2084	0.0001	0.0001
R^2或准R^2	0.0248	0.0192	0.0192
F值或χ^2值	23.04***	22.69	22.69
		0.1263***	0.1270***
样本均值边际效应		0.0267	0.0272
		4.72	4.67
		0.000	0.000
正确预测比率		58.87%	58.87%

注：***表示显著性水平 p≤0.01。

由表4-32中数据可以看出，自变量网络渠道搜索态度（Search$_2$）系数 ψ_{12} 的OLS、Probit和Logit估计值依次为0.1244、0.3238、0.5230，均在1%的水平上显著。常数项 ψ_{02} 的Probit和Logit估计值依次为-0.9848、-1.5931，均在1%的水平上显著。常数项 ψ_{02} 的OLS估计值在统计上不显著。这说明网络渠道搜索态度显著正向影响网络渠道搜索选择，网络渠道搜索态度越积极，越倾向于选择网络渠道搜索产品信息。Probit模型在样本均值处的边际效应值为0.1263***且通过1%显著性检验，此值与OLS回归系数0.1244相差不大。计算得到Probit模型正确预测的比率为58.87%。而Logit模型的边际效应0.1270***、准R^2以及正确预测比率与Probit模型完全相同，故认为两个模型基本等价（注意，两者的回归系数有差异，但不具有可比性）。根据前文中的分析，本书选择Logit估计结果进行分析。

3. 传统渠道购买选择模型参数估计结果分析

传统渠道购买选择模型反映传统渠道购买态度对传统渠道购买选择的影响。Stata12.0运算结果显示，传统渠道购买选择模型中$\chi^2(1) = 3.09$，其中$P = 0.0786$，在5%的显著性水平上不拒绝同方差的原假设。传统渠道购买选择模型使用OLS进行的线性概率模型、Probit和Logit的参数估计结果见表4-33。

表4-33　　　　传统渠道购买选择模型参数估计结果

变量	OLS	Probit	Logit
Purchase$_1$	0.2626	0.7169	1.1937
	0.0233	0.0689	0.1199
	11.2780	10.3982	9.9589
	0.0000	0.0000	0.0000
_cons	-0.4699	-2.6554	-4.4162
	0.0884	0.2624	0.4537
	-5.3186	-10.1214	-9.7346
	0.0000	0.0000	0.0000
R^2 或准 R^2	0.1271	0.0973	0.0984
F值或 χ^2 值	127.19***	117.02***	118.39
		0.2859	0.2983
		0.0275	0.0300
样本均值边际效应		10.40	9.96
		0.000	0.000
正确预测比率		66.13%	66.74%

注：***表示显著性水平p≤0.01。

由表4-33中数据可以看出，自变量传统渠道搜索态度（Purchase$_1$）系数 θ_{11} 的 OLS、Probit 和 Logit 估计值依次为 0.2626、0.7169、1.1937，均在1%的水平上显著。常数项 θ_{01} 的 OLS、Probit 和 Logit 估计值依次为 −0.4699、−2.6554、−4.4162，均在1%的水平上显著。这说明传统渠道购买态度显著正向影响传统渠道购买选择，传统渠道购买态度越积极，越倾向于选择传统渠道购买。Probit 模型在样本均值处的边际效应值为 0.2859 且通过1%显著性检验，此值与 OLS 回归系数 0.2616 相差不大。计算得到 Probit 模型正确预测的比率为 66.13%。而 Logit 模型的边际效应 0.2983、准 R^2 以及正确预测比率几乎与 Probit 模型相同，故认为两个模型基本等价（注意，两者的回归系数有差异，但不具有可比性）。根据前文中的分析，本书选择 Logit 估计结果进行分析。

4. 网络渠道购买选择模型参数估计结果分析

网络渠道购买选择模型反映网络渠道购买态度对网络渠道购买选择的影响。Stata12.0 运算结果显示，网络渠道购买选择模型中 $\chi^2(1) = 1.12$，$P = 0.2902$，不拒绝同方差的原假设。网络渠道购买选择模型使用 OLS 进行的线性概率模型、Probit 和 Logit 的参数估计结果见表4-34。

表4-34　　　　　　　网络渠道购买选择模型参数估计结果

变量	OLS	Probit	Logit
Purchase$_2$	0.2552	1.0018	1.7197
	0.0230	0.0984	0.1754
	11.0966	10.1827	9.8029
	0.0000	0.0000	0.0000
_cons	−0.5640	−3.9816	−6.8028
	0.0740	0.3324	0.6014
	−7.6216	−11.9770	−11.3124
	0.0000	0.0000	0.0000
R^2或准 R^2	0.1235	0.1273	0.1264
F值或 χ^2值	123.13	122.61	121.70
样本均值边际效应		0.2872	0.2789
		0.0268	0.0260
		10.74	10.75
		0.000	0.000
正确预测比率		76.84%	76.84%

由表 4-34 中数据可以看出，自变量网络渠道搜索态度（Purchase$_2$）系数 θ_{12} 的 OLS、Probit 和 Logit 估计值依次为 0.2552、1.0018、1.7197，均在 1% 的水平上显著。常数项 θ_{02} 的 OLS、Probit 和 Logit 估计值依次为 -0.5640、-3.9816、-6.8028，均在 1% 的水平上显著。这说明网络渠道购买态度显著正向影响网络渠道购买选择，网络渠道购买态度越积极，越倾向于选择网络渠道购买。Probit 模型在样本均值处的边际效应值为 0.2872 且通过 1% 显著性检验，此值与 OLS 回归系数 0.2552 相差不大。计算得到 Probit 模型正确预测的比率为 76.84%。而 Logit 模型的边际效应 0.2789、准 R^2 以及正确预测比率几乎与 Probit 模型相同，故认为两个模型基本等价（注意，两者的回归系数有差异，但不具有可比性）。根据前文中的分析，本书选择 Logit 估计结果进行分析。

综上，我们估计出了消费者渠道选择 4 个方程中的各参数，得到了消费者传统渠道搜索选择、传统渠道购买选择、网络渠道搜索选择和网络渠道购买选择预测模型。

4.7 消费者跨渠道购买行为解释与假设检验

本节依据参数估计结果，分别解释产品总体及 4 种产品类型下基于渠道属性的决策机制、渠道内锁定和渠道间协同对消费者跨渠道购买行为的作用机制，检验研究假设。

4.7.1 产品总体下消费者跨渠道购买行为的诊断和解释

消费者跨渠道购买行为的三大驱动因素中，缺乏渠道内锁定和渠道间协同用模型系数来衡量。然而，渠道属性这一驱动因素需要另外计算，值得注意的是，传统渠道和网络渠道的搜索态度和购买态度由于渠道属性的不同而不同。为了计算这些差异，首先，列出估计出的传统渠道和网络渠道搜索态度、购买态度模型；其次，将被调查者对每种渠道搜索属性和购买属性的打分带入相应方程中；

再次，对每个方程求解，计算每一位被调查者对每种渠道的搜索态度和购买态度；最后，对所有被调查者的搜索态度和购买态度求算数平均数，这个得分测量了每一位顾客对每种渠道搜索和购买的态度。将每一位消费者的渠道态度值代入相应渠道选择模型中，再运用公式（3-2a）和公式（3-3a）得到每一位消费者搜索信息和购买的渠道选择，进而计算出消费者使用一种渠道搜索，却使用另外一种渠道购买的实际比例。基于产品总体消费者渠道态度、渠道选择模型，运用Matlab7.5软件编制M文件程序计算产品总体消费者渠道态度、渠道选择结果，进而计算出产品总体渠道属性差异与消费者跨渠道购买行为比例，见表4-35。

表4-35　　　　　产品总体下消费者跨渠道购买的程度和动因

跨渠道购买行为类型	跨渠道购买机制			
	渠道属性差异		搜索渠道内锁定	渠道间协同	实际跨渠道购买比例（%）
	搜索差异	购买差异			
Showrooming	−0.4	0.5	强	正（$p<0.01$）	15.3
Webrooming	0.4	−0.5	弱	正（$p<0.01$）	30.8

分析结果显示了一些有意思的结论：（1）网络渠道搜索传统渠道购买这种跨渠道购买行为类型发生的比例最高，这与学者们的研究保持一致（Verhoef等，2007；Van和Dach，2005；Chiu等，2011；涂红伟和周星，2011；Flavian等，2016）；（2）在消费者网络渠道搜索传统渠道购买的跨渠道购买行为类型中，3种机制均发挥作用。首先，对于渠道属性，网络渠道相对于传统渠道而言具有搜索信息的优势和购买的劣势，基于理性行为理论，消费者会选择网络渠道搜索信息；其次，网络渠道缺乏渠道内锁定（见表4-28），因此消费者可以轻易地从网络渠道转换到其他渠道；最后，网络渠道搜索传统渠道购买存在正向的渠道间协同（见表4-28），即网络渠道搜索态度越积

极，传统渠道购买态度越积极，再受到传统渠道优良的服务质量和较低的购物风险等购买属性的影响，消费者更愿意选择传统渠道购买。基于渠道属性的决策机制、缺乏渠道内锁定、渠道间协同 3 种机制共同作用引起了消费者网络渠道搜索传统渠道购买这种跨渠道购买行为类型，验证了假设 1。

4.7.2　4 种产品类型下消费者跨渠道购买行为的诊断与解释

同理，分别基于高风险搜索产品、低风险搜索产品、高风险体验产品和低风险体验产品消费者渠道态度模型，运用 Matlab7.5 软件编制 M 文件程序分别计算 4 种产品类型下消费者渠道态度、渠道选择结果，进而分别计算出购买高风险搜索产品、低风险搜索产品、高风险体验产品、低风险体验产品时，消费者渠道态度的平均差异和实际跨渠道购买的比例，见表 4-36。

表4-36　　4 种产品类型下消费者跨渠道购买的程度和动因

产品类型	跨渠道购买行为类型	渠道属性差异		渠道内锁定	渠道间协同	实际跨渠道购买比例（%）
		搜索差异	购买差异			
高风险搜索产品	Showrooming	-0.38	0.33	强	不显著	10.3
	Webrooming	0.38	-0.55	弱	正（p<0.1）	49.4
低风险搜索产品	Showrooming	-0.65	-0.04	强	不显著	4.6
	Webrooming	0.65	0.04	强	不显著	5.8
高风险体验产品	Showrooming	-0.08	0.46	强	正（p<0.01）	29.7
	Webrooming	0.08	-0.46	弱	正（p<0.05）	38.3
低风险体验产品	Showrooming	0.15	0.32	强	不显著	6.7
	Webrooming	-0.15	-0.32	弱	不显著	13.3

值得注意的是：购买高风险搜索产品时，消费者发生了最高比例的网络渠道搜索传统渠道购买（49.4%）。网络渠道相比于传统渠道

的搜索优势（基于渠道属性的决策机制）和消费者可以轻易地转换到其他渠道（缺乏渠道内锁定），使得消费者可能网络渠道搜索传统渠道购买（Webrooming），而且网络渠道搜索正向影响传统渠道购买（渠道间协同）。因此，假设2成立。

表4-36还显示购买高风险体验产品时，消费者发生了最高比例的传统渠道搜索网络渠道购买（Showrooming）（29.7%）。传统渠道搜索和网络渠道购买间的协同性意味着消费者传统渠道搜索正向影响其网络渠道购买，而且消费者对于两种渠道搜索态度差异不大（0.08）。原因是传统渠道信息有效性高于网络渠道，而网络渠道搜索便利性高于传统渠道，消费者会首先在传统渠道浏览体验产品，引起Showrooming。因此，假设4不成立。

对于低风险搜索产品，消费者主要运用网络渠道搜索和购买，而Webroooming和Showroooming的比例都不高（5.8%，4.6%）。原因是：一方面，购买低风险搜索产品时，消费者感知网络渠道搜索属性远高于传统渠道（搜索差异为0.65），因此消费者选择网络渠道搜索信息；另一方面，网络渠道锁定性强（见表4-29），同时两种渠道购买属性差异不明显（购买差异仅为-0.04），渠道间又缺乏协同性（传统渠道和网络渠道渠道间协同系数不显著，见表4-29），所以消费者选择网络渠道购买。因此，假设3成立。

对于低风险体验产品，消费者主要运用传统渠道搜索信息和购买，发生了中等程度的网络渠道搜索传统渠道购买（Webrooming）（13.3%），可以用基于渠道属性的决策机制和缺乏渠道内锁定来解释。因此，假设5成立。

总之，研究结果表明：本书提出三大驱动因素：基于渠道属性的决策机制、缺乏渠道内锁定和渠道间协同，它们能够很好地解释消费者跨渠道购买行为。本书还揭示了4种产品类型下的消费者跨渠道购买行为的程度和类型。与前人研究一致，网络渠道搜索传统渠道购买（Webrooming）是最普遍的跨渠道购买行为类型（Verhoef等，2007；Van和Dach，2005；Chiu等，2011；Flavian等，2016），传统渠道搜索网络渠道购买（Showrooming）适合高风险体验产品，这一跨渠道购买行为类型正日益受到学者们的关注（Mehra等，2013；Rapp等，2015；Gensler等，2017；Kang，2018）。产品搜索性、风险性显著调节消费者跨渠道购买行为。对于高风险搜索产品、高风险体验产品，消费者发生跨渠道购买的比例高于另外两类产品，说明产品风险性越高，消费者越容易发生跨渠道购买行为；对于高风险搜索产品，消费者主要发生了网络渠道搜索传统渠道购买（Webrooming）的跨渠道购买行为模式；而对于高风险体验产品，消费者发生网络渠道搜索传统渠道购买（Webrooming）和传统渠道搜索网络渠道购买（Showrooming）两种跨渠道购买行为类型。

4.8 本章小结

本章主要进行了量表开发、数据采集、数据统计分析等求解数理模型，以检验研究假设，具体包含以下6个方面：

第一，基于文献研究对消费者搜索态度、购买态度、搜索选择、购买选择理论模型中的各变量进行了量表开发，并通过小规模访谈、预测试等工作进一步修正了测量量表，形成了正式的市场调查问卷。

第二，确定了调查对象、抽样方法和样本量，通过问卷星向被调查者发放问卷，采集数据。

第三，从样本特征信息、消费者的渠道选择、渠道属性和渠道态度等方面对有效数据进行了描述性统计分析。

第四，进行数据质量的信度和效度分析，检验了数据的可靠性和有效性。

第五，估计出了渠道态度模型中的参数。制定了渠道态度模型的转换和赋值规则，运用Stata12.0软件分析了数据，分别基于产品总体和4种产品类型估计出了消费者传统渠道搜索态度、传统渠道购买态度、网络渠道搜索态度和网络渠道购买态度方程中的参数，并对估计结果进行了理论阐释。

第六，估计出了渠道选择模型中的参数。制定了渠道选择模型的转换和赋值规则，分别基于产品总体和4种产品类型估计出了消费者传统渠道搜索选择、传统渠道购买选择、网络渠道搜索选择和网络渠道购买选择方程中的参数，并对估计结果进行了理论阐释。

根据渠道态度和渠道选择理论模型参数估计结果分析了产品总体和4种产品类型下消费者跨渠道购买行为的程度和动因，解释了基于渠道属性的决策机制、缺乏渠道内锁定和渠道间协同三大驱动因素对消费者跨渠道购买行为的作用机制，分析了产品搜索性和风险性对消费者跨渠道购买行为程度和类型的影响，检验了研究假设。

5 消费者跨渠道购买行为模拟与调节策略研究

本章将运用第4章中的假设检验结果，模拟改变渠道属性、渠道内锁定和渠道间协同对消费者跨渠道购买行为的影响，进一步说明驱动因素的作用效果，进而提出鼓励或削减消费者跨渠道购买行为的具体策略。

5.1 消费者跨渠道购买行为模拟研究

第4章的研究结果表明，基于渠道属性的决策机制、渠道内锁定和渠道间协同驱使消费者发生跨渠道购买行为。这为本书提供了3种调节消费者跨渠道购买行为的策略：（1）改变一种渠道或多种渠道的搜索或购买属性；（2）创造或缩减渠道内锁定；（3）增加或减少渠道间协同。为进一步说明驱动因素对消费者跨渠道购买行为的作用机制，下面开展模拟研究。

5.1.1 模拟模型选择

前文研究表明，购买高风险搜索产品时，消费者主要发生了网络渠道搜索传统渠道购买（Webrooming），这是最普遍的跨渠道购买行为模式，因此，本节选择高风险搜索产品的渠道态度和渠道选择模型来进行模拟研究。以削减网络渠道搜索传统渠道购买这一跨渠道购买行为为目标，模拟改变渠道策略所带来的消费者跨渠道购买行为变化。

根据前文中高风险搜索产品渠道属性估计结果（见表4-26和表4-27）、渠道内锁定和渠道间协同估计结果（见表4-29所示），列出消费者购买高风险搜索产品时的渠道态度模型。搜索态度模型如公式（5-1a-1）、公式（5-1a-2）所示，公式（5-1a-1）表示消费者传统渠道搜索态度模型，公式（5-1a-2）表示消费者网络渠道搜索态度模型；购买态度模型如公式（5-1b-1）、公式（5-1b-2）所示，公式（5-1b-1）表示消费者传统渠道购买态度模型，公式（5-1b-2）表示消费者网络渠道购买态度模型。

$$
\begin{aligned}
Search_1 = {} & 0.4294 - 0.5297Search_2 + 0.5552Purchase_1 + 0.7557Purchase_2 + \\
& 0.1969X_{11} + 0.0556X_{12} + 0.0266X_{13} + 0.0036X_{14} - 0.0773X_{15} - \\
& 0.1542Sex + 1.2903Age_1 + 1.2859Age_2 + 1.2830Age_3 + 1.6433Age_4 + \\
& 1.5828Age_5 - 1.3266Edu_1 - 1.3253Edu_2 - 1.4587Edu_3 - 1.3916Edu_4 - \\
& 0.4735Dis_1 - 0.5469Dis_2 + \varepsilon_1^s
\end{aligned}
$$

公式（5-1a-1）

$$
\begin{aligned}
Search_2 = {} & 0.2472 - 0.2514Search_1 + 0.1588Purchase_1 + 0.827Purchase_2 + \\
& 0.1549X_{21} + 0.1131X_{22} + 0.0259X_{23} + 0.0640X_{24} - \\
& 0.0916X_{25} - 0.1110Sex + 1.2846Age_1 + 1.3102Age_2 + \\
& 1.2747Age_3 + 1.3902Age_4 + 1.5869Age_5 - 0.9037Edu_1 - \\
& 1.0557Edu_2 - 1.0753Edu_3 - 1.1602Edu_4 + 0.2610Dis_1 + \\
& 0.4447Dis_2 + \varepsilon_2^s
\end{aligned}
$$

公式（5-1a-2）

$$
\begin{aligned}
Purchase_1 = {} & 0.4976 + 0.6612Search_1 + 0.3593Search_2 - 0.3520Purchase_2 + \\
& 0.0248W_{11} + 0.0641W_{12} + 0.0271W_{13} - 0.0700W_{14} - 0.1682W_{15} - \\
& 0.0105W_{16} + 0.0463Sex - 0.2291Age_1 - 0.1767Age_2 - \\
& 0.3345Age_3 - 0.2661Age_4 - 0.3671Age_5 + 0.1240Edu_1 + \\
& 0.0081Edu_2 + 0.1966Edu_3 + 0.1689Edu_4 - 0.2464Dis_1 - \\
& 0.3594Dis_2 + \varepsilon_1^p
\end{aligned}
$$

公式（5-1b-1）

$$Purchase_2 = 0.1379 + 0.2983Search_1 + 0.6617Search_2 - 0.2034Purchase_1 +$$
$$0.0059W_{21} + 0.0290W_{22} + 0.0068W_{23} - 0.0164W_{24} - 0.0011W_{25} -$$
$$0.0097W_{26} + 0.1604Sex - 1.3408Age_1 - 1.4994Age_2 -$$
$$1.4972Age_3 - 1.6451Age_4 - 1.6836Age_5 + 1.0511Edu_1 +$$
$$1.0802Edu_2 + 1.0482Edu_3 + 1.2105Edu_4 + 0.3226Dis_1 +$$
$$0.5171Dis_2 + \varepsilon_2^p$$

公式（5-1b-2）

根据高风险搜索产品消费者渠道选择参数估计结果（见表4-31、
表4-32、表4-33和表4-34），得到消费者购买高风险搜索产品时的
渠道选择模型。搜索选择模型如公式（5-2-1）、公式（5-2-2）所示，
公式（5-2-1）表示消费者传统渠道搜索选择模型，公式（5-2-2）表
示消费者网络渠道搜索选择模型；购买选择模型如公式（5-3-1）、
公式（5-3-2）所示，公式（5-3-1）表示消费者传统渠道购买选择
模型，公式（5-3-2）表示消费者网络渠道购买选择模型。

$$Y_1^* = -3.4513 + 0.9262Search_1 + \eta_1 \qquad\qquad 公式（5-2-1）$$

$$Y_2^* = -1.5931 + 0.5230Search_2 + \eta_2 \qquad\qquad 公式（5-2-2）$$

$$R_1^* = -4.4162 + 1.1937Purchase_1 + \mu_1 \qquad\qquad 公式（5-3-1）$$

$$R_2^* = -6.8028 + 1.7197Purchase_2 + \mu_2 \qquad\qquad 公式（5-3-2）$$

5.1.2 模拟过程

运用数值模拟来确定3种策略对消费者跨渠道购买行为的影响。
基本的方法是改变属性值或3SLS模型中的系数来模拟这些变化对每
一位消费者渠道搜索和购买态度的影响，运用原始调查数据对渠道态
度和渠道选择模型求解，作为基准；然后运用计划中特定策略方案的
调整数据进行仿真；最后，两者相减。具体模拟步骤如下：

首先，列出购买高风险搜索产品的消费者对传统渠道和网络渠道
各搜索属性、购买属性的感知价值。

其次，对于每一位被调查者：

（1）运用公式（5-1a-1）、公式（5-1b-1）计算传统渠道的搜索
和购买态度值，运用公式（5-1a-2）、公式（5-1b-2）计算网络渠道
的搜索和购买态度值。

（2）将搜索态度变量的计算结果带入公式（5-2-1）、公式（5-2-2），计算每种渠道的 Y^*，从而运用公式（3-2b）计算搜索选择。

（3）将购买态度变量的计算结果带入公式（5-3-1）、公式（5-3-2），计算每种渠道的 R^*，从而运用公式（3-3b）计算购买选择。

（4）继续计算每一种渠道被选择用来搜索和购买的次数。

最后，与原方案比较。

5.1.3 模拟结果

前文中指出，基于渠道属性的决策机制、缺乏渠道内锁定和渠道间协同，能够很好地解释消费者跨渠道购买行为，特别是最普遍的消费者网络渠道搜索传统渠道购买这种消费者跨渠道购买行为类型。因此，通过改变渠道属性、提高渠道内锁定、降低渠道间协同来模拟购买高风险搜索产品时消费者的渠道选择，并与基础模拟结果进行对比。基于高风险搜索产品渠道态度和渠道选择模型，运用Matlab7.5编制M文件程序，分别计算基础模拟、改变渠道属性、提高渠道内锁定、降低渠道间协同情况下消费者的渠道选择，从而计算出消费者跨渠道购买行为比例，具体见表5-1。

表5-1　　　　高风险搜索产品消费者跨渠道购买行为模拟结果

| | 搜索信息渠道 | | 购买渠道 | | 跨渠道购买 | | 单一渠道购买 | |
	传统渠道	网络渠道	传统渠道	网络渠道	传统-网络渠道	网络-传统渠道	传统-传统渠道	网络-网络渠道
基础模拟	74	144	140	78	41	107	33	37
结果	33.9%	66.1%	64.2%	35.8%	18.8%	49.1%	15.1%	17.0%
改变渠道	68	150	130	88	36	98	32	52
属性	31.2%	68.8%	59.6%	40.4%	16.5%	45.0%	14.7%	23.9%
提高渠道	69	149	119	99	34	84	35	65
内锁定	31.7%	68.3%	54.6%	45.4%	15.6%	38.5%	16.1%	29.8%
降低渠道	58	160	106	112	23	71	25	89
间协同	26.6%	73.4%	48.6%	51.4%	11.0%	34.1%	12.0%	42.8%

为了更清晰地表示改变渠道属性、提高渠道内锁定、降低渠道间协同对消费者跨渠道购买行为的影响，进一步计算出3种调节策略下消费者渠道选择变化的比例，见表5-2。下面逐一分析改变渠道属性、提高渠道内锁定和降低渠道间协同对消费者跨渠道购买行为的影响。

表5-2　　　　　3种调节策略对消费者跨渠道购买行为的影响

	搜索信息渠道		购买渠道		跨渠道购买		单一渠道购买	
	传统渠道	网络渠道	传统渠道	网络渠道	传统-网络渠道	网络-传统渠道	传统-传统渠道	网络-网络渠道
改变渠道属性	-2.7%	2.7%	-4.6%	4.6%	-2.3%	-4.1%	-0.4%	7.2%
提高渠道内锁定	-2.2%	2.2%	-9.6%	9.6%	-3.2%	-10.6%	1%	13.1%
降低渠道间协同	-7.3%	7.3%	-15.6%	15.6%	-8.2%	-16.5%	-3.6%	24.1%

1.改变渠道属性模拟结果

消费者网络渠道搜索传统渠道购买的主要原因是消费者对网络渠道的购买态度低于传统渠道（见表4-36），"服务质量"和"购买风险"两个属性是网络渠道购买态度的重要决定变量（见表4-27），严重影响消费者对其购买态度。因此，接下来运用模型仿真网络渠道"服务质量"和"购买风险"这两个属性评价值的增加对消费者跨渠道购买行为的影响。模拟中将被调查者数据中网络渠道的"服务质量"和"购买风险"两个属性的得分增加1个单位，如原来被调查者的回答是"3"，增加后的值为"4"，但对于原来被调查者的回答是"5"的值，保持不变，因为量表设计中渠道属性的最高得分为"5"。实践中，需要增加实时购物助手来提高服务属性得分，制定并公布透明的严格执行的隐私保护政策来提高购买风险属性得分。图5-1显示了这种改变的结果：网络渠道购买相对于传统渠道增加了7.2%，消费者网络渠道搜索传统渠道购买的比例降低了4.1%。

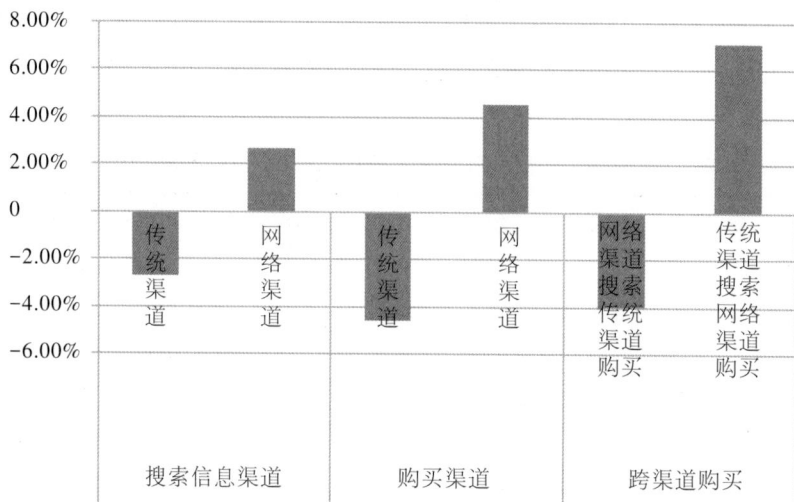

图5-1　通过提高网络渠道购买属性削减消费者跨渠道购买行为

2.提高渠道内锁定模拟结果

另外一种降低消费者网络渠道搜索传统渠道购买的策略是提高网络渠道内锁定。例如，将网络渠道搜索到网络渠道购买的相关系数从0.6617（如公式5-1b-2所示）增加到0.9617，从管理上看，企业可以通过记录网络渠道顾客的购物记录、送货地址和信用卡号等措施来实现。网络渠道搜索到网络渠道购买的相关系数从0.6617增加到0.9617对消费者跨渠道购买行为的影响如图5-2所示，这种调控策略使得网络渠道购买增加了13.1%，消费者网络渠道搜索传统渠道购买的比例下降了10.6%。

3.降低渠道间协同模拟结果

最后一种降低消费者网络渠道搜索传统渠道购买的策略是降低网络渠道和传统渠道间的协同。例如，将网络渠道搜索传统渠道购买的系数由0.3593（如公式5-1b-1所示）降为0，这意味着消除了网络渠道搜索传统渠道购买之间的协同，实际中可以通过取消网络渠道的实体店铺来实现。图5-3显示了没有渠道间协同对消费者跨渠道购买行为的影响。消费者网络渠道搜索传统渠道购买的比例降低了 **16.5%**，影响程度很大，原因是传统渠道有特别强的锁定性，降低渠道间协同系数直接降低了传统渠道的购买吸引力，因为传统渠道的高锁定系数又降低了传统渠道的搜索吸引力，搜索吸引力降低紧接着又使得购买吸引力进一步降低。这导致对于网络搜索消费者而言，传统渠道购买更加没有吸引力。

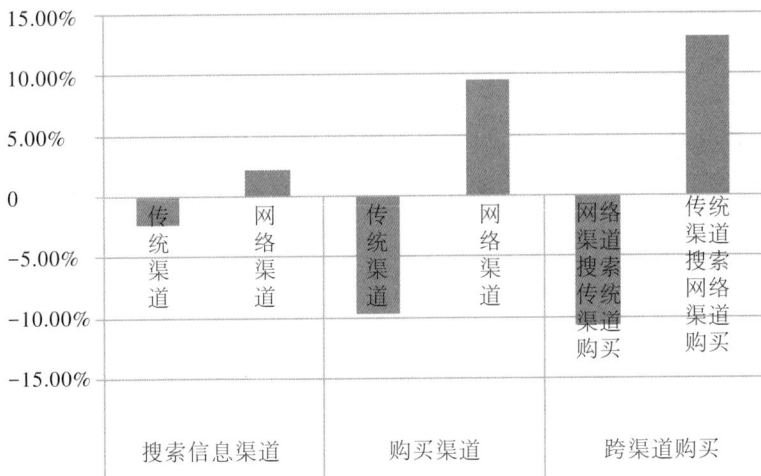

图 5-2　通过提高网络渠道内锁定削减消费者跨渠道购买行为

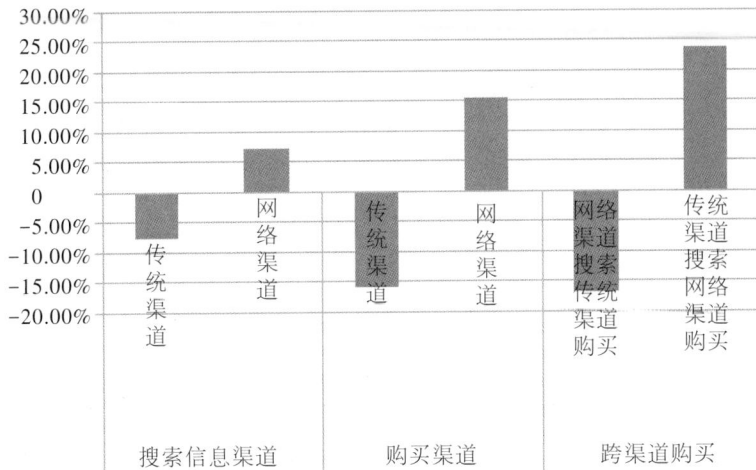

图 5-3　通过降低渠道间协同削减消费者跨渠道购买行为

　　总之，这些例子说明了运用模型来调节消费者跨渠道购买行为的各种策略建议。该模型是有用的，因为消费者跨渠道购买行为的3种驱动机制——基于渠道属性的决策机制、缺乏渠道内锁定和渠道间协同，均在该模型中得到体现。值得注意的是，上述模拟是用来解释结论的，有两点需要说明：第一，对于改变渠道属性策略，前提假设是一种渠道属性的变化（如提升服务质量）不会改变参数估计值；第二，假设改变某些参数值（如提高网络渠道内锁定或降低传统渠道和网络渠道间协同）不会影响其他参数值。

　　综上所述，消费者跨渠道购买行为的驱动因素有：基于渠道属性的决策机制、缺乏渠道内锁定和渠道间协同；产品搜索性和风险性显著调节消费者跨渠道购买行为。这些机制可以测量，为企业鼓励或削减消费者跨渠道购买行为提供了调节杠杆。零售商可以复制本书中的研究方法，运用自身产品类别的实际资料和竞争对手评价资料估计模型中的参数，诊断消费者跨渠道购买行为的程度，进而决定是鼓励还是削减该行为，最后通过该机制提出具体调节策略。

5.2　消费者跨渠道购买行为调节策略

　　如果企业多渠道整合足够好，可以使多渠道购物者汇集到本企业完成购买；否则，跨渠道购买行为会导致企业流失顾客（通过某企业网络渠道搜集信息，却通过另一企业传统渠道购买）。企业对消费者跨渠道购买行为引导策略选择取决于企业的竞争状况和其开设的渠道类型。例如，仅开设网络渠道的企业必定选择抑制策略。而对于仅通过网络渠道发布信息，同时拥有传统渠道的企业，很显然要选择鼓励策略，希望跨渠道购买者从其网站搜索信息，并通过其实体店铺完成购买。对于多渠道企业，如果有能力做到消费者光顾实体店铺时，带动销售附加产品，其会鼓励消费者网络渠道搜索传统渠道购买的跨渠道购买行为；否则，它会希望削减消费者跨渠道购买，因为线上购买成本降低会给其带来更多边际收益。下面分别从企业经营产品类别、改变渠道属性、改变渠道内锁定和改变渠道间协同4个方面具体阐述消费者跨渠道购买行为调节策略。

5.2.1　根据产品类别进行渠道建设

研究结果表明，产品属性显著调节消费者跨渠道购买行为，因此，企业应根据经营产品类别进行渠道建设。对于既销售搜索产品也销售体验产品的零售企业，它应投资建设多种渠道，吸引消费者在各种渠道上的消费。

对于销售高风险搜索产品（如个人电脑）的零售商，它应增强其网站"黏性"，如提供一键式订购、产品评语和新品推荐等，促进使用网络渠道搜索信息的消费者继续通过该渠道购买，增加顾客花费；另外，零售商也可通过一些促销手段吸引在线消费者到传统渠道购买，如在网上给网民派发活动优惠券，顾客凭优惠券在当地实体店铺购买可获得相应优惠，以此拉动实体店铺的销售。

若企业销售的主要产品是低风险搜索产品，如书籍、文具等，企业应及时将网络渠道纳入已有的营销体系，同时系统规划不同渠道的分销策略，区隔目标顾客群体，通过网络渠道吸引创新性较强的消费者，帮助传统渠道顾客常规化他们的购买，方便顾客重复购买和提高购买效率。企业可以追踪顾客的购买记录，推动这些顾客在某一时期增加对该种产品的购买数量。

对于仅销售高风险体验产品（如服装、化妆品等）的零售商，它应激励单一渠道顾客通过其他渠道购买，因为高风险体验产品消费者跨渠道购买的比例高，而且既会发生网络渠道搜索传统渠道购买（Webrooming），也会发生传统渠道搜索网络渠道购买（Showrooming）。企业应充分发挥实体店铺的展示功能，为顾客提供充分、周到的体验服务，同时应加强网络渠道的付款便利、安全性和送货速度，吸引在实体店铺体验的消费者到网络渠道完成购买。具体做法是：到实体店铺体验的顾客可获得一张网络购物优惠券，顾客通过网络购物时提交优惠券即可得到相应优惠。另外，也可以鼓励网络渠道搜索的顾客到实体店铺购买。例如，当一个网络购物者在网上寻求一件时髦的衣服时，零售商可以通过赠送只能在实体店收到的小礼物或特价品邀请顾客到其实体店试穿，为购买者提供更多体验产品的机会，推动其他产品种类的销售。

对于仅销售低风险体验产品（如零食、玩具等）的零售商，企业应帮助传统渠道顾客常规化他们的购买，方便顾客重复购买和提高购买效率，企业可以追踪顾客的购买记录，推动这些顾客在某一时期增加对该种产品的购买数量。

5.2.2 调节渠道搜索或购买属性

消费者渠道选择在很大程度上取决于渠道属性，因此具有潜在的可管理性。实证研究指出渠道搜索便利性、信息有效性、品种丰富性、社会互动性和搜索努力影响消费者搜索渠道选择，渠道服务质量、购买便利性、享乐性、购买努力、购买风险和价格促销影响消费者购买渠道选择。网络渠道在便利性上有优势，而在服务质量、风险性上却远不如传统渠道。

鼓励消费者跨渠道购买行为的企业可以提高企业传统渠道的购买属性，同时提高网络渠道的搜索属性。一方面，企业可以增强网络渠道的搜索属性。零售商可丰富在线渠道提供的产品信息量，加快信息更新速度，增强网站的交互性，缩减消费者搜索产品的时间和经济成本。拓展移动网络渠道，使用户可随时随地搜索特定商品信息，定期向顾客推送商品评价等用户生成的信息（Santos 等，2019；Schneider 和 Zielke，2020）。零售商也可整合博客、顾客创建的评语、口碑等沟通工具，与消费者顺畅地即时沟通，如通过使用移动技术如iBeacon，向附近顾客发送专有信息（如弹出式优惠券），提升网站的智能性和易用性。零售商还可设置产品论坛和公众打分评价体系，让顾客参与到产品设计与创新中，增强网上发布信息的数量和可信度。经营搜索产品的商家要特别重视网站所提供的信息质量，因为对于搜索产品，零售商及制造商的网页被知觉更为有用；而经营体验产品的商家应建立顾客社区和聊天室等，让消费者交换其对产品的意见、提供互动机会，因为对于体验产品，从其他消费者以及中立方搜集到的网络信息资源，被知觉为更重要。另一方面，企业应加强传统渠道的购买属性建设，如提供更便捷的运送服务、更完善的售后服务，优化付款流程、节省顾客时间，增强付款安全性等。

削减消费者跨渠道购买行为的企业可以增强网络渠道信任方面的投资，尝试提升网络渠道的购买属性（如感知风险），增强网络渠道"黏性"，提高顾客在线渠道信任，缩小网络渠道和传统渠道购买属性的差异，使网络渠道搜索者转化为网络渠道购买者。例如，企业可以更加透明地、广泛地宣传保护顾客隐私的政策，与顾客签订如何使用顾客数据资料的书面协议等，努力消除顾客对隐私资料泄露的顾虑，提高顾客通过网上购买的意愿。

5.2.3　调节渠道内锁定

渠道内锁定为消费者跨渠道购买行为设置了障碍，通过提高学习、建立、利益损失等转换成本，可以降低消费者跨渠道购买行为意愿。增设转换成本是提高渠道内锁定机制的常见做法。转换成本是顾客从一种渠道转向另外一种渠道过程中产生的一次性花费。转换成本包括搜索、交易和学习成本，以及忠诚顾客折扣、顾客习惯、情感维系和认知努力等成本，外加财政、社会和心理风险。感知成本增加，会削减消费者进行转换行为的可能性，高转换成本起到提升顾客忠诚度的作用。网络环境下学习成本是非常重要的因素，因此一种易于学习的导航设计是网店的重要资产，该设计能够提示消费者通过该网站完成整个消费过程，同时使其继续使用该网站以避免其他网站的学习成本。

网络企业还可以通过增加顾客定制服务的开设成本来保留顾客。例如，顾客定制网站允许顾客与企业实现电子对话，并且顾客会收到根据他们需要特制的回复。当一位顾客为进入某网站而投入了时间和精力，并向电子零售商解释其偏好时，他就不愿意转入其他零售商网站。顾客定制也提高了有效性和效率，能够通过设置心理和经济上的终止交换关系壁垒锻造顾客忠诚。例如，亚马逊通过一站式订购和协同过滤技术保留顾客，顾客如果转换到另一家网站，必须花费额外的开设成本，并要重新输入账单信息。更重要的是，他们将失去获得亚马逊所提供推荐信息的权利。

此外，企业可以通过记录顾客地址和身份证号码为顾客提供精准促销来加强渠道内锁定。如对正在网上浏览产品信息的顾客，如果他立刻在网上购买则给予一定的价格折扣或附赠相应的赠品。企业还可运用财务绑定和结构绑定等策略来增设消费者转换壁垒。财务绑定策略是指零售商利用价格上的优惠来吸引顾客，进而维持消费者忠诚。结构绑定策略是指零售商为消费者提供一些附加价值，而这些价值是不能从其他零售商处获取的。良好的结构绑定策略增加了消费者转向另一渠道的机会成本，增设了一个转换渠道壁垒，为顾客保留提供了一种非价格动力。

5.2.4 调节渠道间协同

鼓励消费者跨渠道购买行为的零售商应实施渠道整合战略，形成传统渠道和网络渠道之间的协同；削减消费者跨渠道购买行为的零售商应实施差异化战略，形成渠道区隔。

1.实施整合战略，形成渠道间协同

面对竞争的日趋激烈和消费者行为的创新变化，越来越多的零售商通过大量的接触点，如实体店铺、网络渠道、呼叫中心、移动商务渠道来服务它们的顾客，虽然网络渠道和传统渠道是互为补充的，但许多企业仍努力地应用多渠道去发现一个更有利可图和更有效的方式去服务其顾客。渠道间协同指充分整合企业内部资源、合理分配利润，实现网络零售与传统门店的协同和互补，其核心在于企业战略资源的共享，其结果是更多有购买意向的网络购物者带着打印出来的产品目录走进了实体店铺。同时，这也使得网络购物消费者遇到难题时会寻求实体店铺的人员服务，而不是放弃交易。

渠道间协同取决于多渠道整合，管理者着眼于整合渠道，从整体上满足顾客体验，因为顾客对任一渠道的不满，都可能导致他们对零售商所有渠道的否定。多渠道整合指网络渠道和传统渠道之间的互相支持或互换。如企业允许顾客在线预订产品，而在店内自取；在实体店内提供让顾客使用的移动设备，让顾客下单或让员工查找脱销商品的位置等。多渠道整合能使多渠道间形成强化效应，带来每个渠道经营绩效的改善。网络零售商提供实体零售店的地址能够提高顾客购物效率，降低顾客搜索成本，而且基于位置的优惠券和进店赠品等个性化信息，能够激发消费者非计划性购买意图，为企业带来额外收益。具体整合策略有产品整合、价格整合、促销整合和服务整合。

产品整合。一位顾客的渠道选择可能依赖每个渠道品种的广度和深度，对品种丰富性要求较高的顾客，可利用多种渠道来满足他们的要求。多数多渠道零售商的网络渠道比实体渠道拥有更多的产品类别，如果某个产品缺货或从未在某特定渠道出现过，那么消费者跨渠道购买行为会得到鼓励。例如，零售商在网站上展示便于比较的产品图片、技术指标等信息，对于那些占用空间大、费用昂贵的大型物品，可以仅显示样品，允许顾客在店里检查、体验，并通过网络渠道进行购买。

价格整合。企业必须寻求消费者价格预期与渠道成本之间的平衡（Grewal等，2010）。与传统渠道相比，网络渠道由于信息不对称及搜索成本减少，在相同产品质量上实现了更低的平均价格水平，这导致消费者对传统渠道和网络渠道商品价格预期产生差异，引致消费者跨渠道购买行为。企业可采取措施，实现网络渠道与传统渠道的价格协同。第一，统一宣称价格和成交价格。产品价格可分为宣称价格和成交价格。宣称价格指价签上的数字价格，一般不包括各种折扣、返现以及赠品等；成交价格指消费者购买商品所实际支付的成本，是消费者付出的货币价格扣除所获得的各类折扣、返现以及赠品后的价格。价格协同不仅要求统一传统渠道和网络渠道的宣称价格，还要统一成交价格。第二，统一客服口径。客服人员对顾客的回答直接决定同品同价策略的真实性，传统零售企业应制定严格的管理制度，统一客服口径，确保线上线下同品同价。第三，为顾客提供实时比价。传统零售企业可在线下商品标签上增加二维码，顾客扫描二维码后，就可了解到线上该产品的价格信息；也可在线下增设台式电脑、平板电脑等设备，方便顾客查询产品价格信息，甚至可以激励营业员主动帮助顾客使用这些设备。

促销整合。多渠道顾客比单一渠道顾客更善于运用各种降价促销机会。面对这些折扣，多渠道顾客购买的频次更高且购买量更大，多渠道零售商可通过策略性促销驱使顾客流动到所需的渠道上。网上商店定制促销获得的利益往往高于线下商店，且随产品类别而发生变化。企业可以在网络渠道突出展示各个传统渠道的服务地点，实体店铺推广本企业的网站，开展传统渠道和网络渠道联合促销。网络渠道不受时间和地域的限制，其渗透空间很大，因此可以利用网络渠道进行产品的宣传和推广，使实体店铺突破空间的限制，实现"营业面积"的拓展。如1-800-flowers，美国最大的网上花卉和礼品销售平台，就与线下实体店精诚合作，实现了在线预订、线下取货或线下送货上门的全渠道促销整合。企业可协同设计自己的促销策略，使一种渠道提供的优惠券可以在其他渠道使用，具体做法是：对于浏览企业网站的网络用户赠送电子优惠标识，顾客凭该标识在当地实体店铺购买可获得相应优惠，由此实现传统渠道和网络渠道的优势互补、相互促进。肯德基的网上电子优惠券吸引了许多价格敏感型顾客，使其产生了额外消费。

服务整合。服务整合可以使消费者忘却传统渠道与网络渠道间的差别，轻点鼠标或手机就可以获得自己喜爱的商品，畅享全渠道购物的便利。在实体店，企业可以安装数字大屏货架，方便消费者用手机下单。在网络商店，企业可以增设商品搭配师，专门为消费者挑选商品，提供个性化的建议。在移动商店，企业可以让消费者主动筛选和定制自己感兴趣的信息。线上线下业务的关联性越强，服务的一致性越高，消费者与零售商之间的友谊越长久，顾客越忠诚。如伊藤洋华堂的网上超市，允许用户线上购买，线下实体超市则负责送货上门，实现了顾客在一个渠道中"逛"，而到另外一个渠道中"买"的服务协同，具有稳定的忠诚客户群。此外，产品退货是企业售后服务的重要组成部分，也是服务整合的重要构成。宽松的退货政策，如允许消费者在线上购买的产品通过线下渠道退换等，可以增强顾客的信任感和便利感。一些零售商还将产品退货场所作为额外的顾客接触点，其不仅允许顾客在店内拿走在线购买的商品，也允许顾客在店内退回他们在线购买的商品。这不仅方便了顾客、提高了顾客满意度，而且顾客来店到访也为零售商提供了一个交叉销售和提升销售额的机会。

2.实施差异化战略，形成渠道区隔

消费者跨渠道购买行为大大削减了传统零售商为制造商推广产品的积极性，从而影响制造商的销售额。削减消费者跨渠道购买行为的零售商可实施差异化战略，以有效区隔渠道，降低消费者跨渠道购买行为的发生率。

第一，目标市场差异化。目标市场是企业服务的特定顾客群，传统渠道和网络渠道分别服务不同的顾客，这就可以从根本上避免渠道冲突的产生。跨渠道购买者具有男性为主、年轻、具有较高的学历层次和家庭收入高的特点，因此，目标市场为该群体的企业尤其应该重视跨渠道购买问题。如在苏宁易购购物的消费者年龄集中在18~30岁，苏宁实体店消费者的年龄比较分散，主要集中在30~50岁。企业应运用大数据分析目标市场。大数据可分为冷数据、温数据和热数据。冷数据如性别、兴趣、常住地等数据，表征"这是什么样的人"；温数据如近期活跃应用、近期去过的地方等具有一定时效性的行为数据，表征"最近对什么感兴趣"；热数据指当前地点、打开的应用等场景化明显、稍纵即逝的营销机会，表征"正在哪里、干什么"。企业应储存、追踪冷数据，建好顾客数据库；分析、捕捉温数据，把握消费者近期偏好；即时关注热数据，追踪消费者当前所处状态。

第二，产品差异化。传统渠道和网络渠道销售不同的产品品种可以避免消费者对产品的直接比较，从而有效地降低外部渠道冲突。一些制造商制定了独家代理规定，一些制造商对电子商店销售产品的区域进行限制。如果采用独立渠道模式，应在强调体验型的商品类目中选出与网络渠道截然不同的或在市场中尚未成熟的品类；如果采用与网络渠道合作的模式，建议在同一品牌下区分产品线，传统渠道和网络渠道销售的品种、价格、服务都不相同。传统零售商可以通过网络渠道销售品种不齐全商品或特供商品，当畅销的商品在实体店铺已经缺货时，可以将存货在网上独家销售。如李宁旗舰店主要销售新产品，电子商务平台主要销售限量版产品。另外，可以运用一些创新的方法区分传统渠道和网络渠道销售的产品。

互联网思维下，产品已是具备多种功能的情感表达媒介，传统零售企业可凭借"场景+产品"战略形成独特的"顾客情感诉求"，从而构筑隔绝机制。一方面，利用互联网零距离接触顾客，通过构筑"场景"来"占领顾客生活时间"。场景指顾客生活中的特定情境，以及在这种情境中产生的需求或情感，可分为3种形态：向顾客提供产品信息和关联内容；运用移动互联网，关联特定时间、空间内的客户行为；在场景中注入情感，通过"特定情感的注入"占领顾客生活时间。具体做法是：首先，基于大数据分析顾客需求；其次，根据需求分析结果推送给顾客包含其可能感兴趣内容的各类"链接"；最后，运用"极致体验"来吸引消费、创造顾客。这主要通过深度挖掘用户需求和"痛点"来实现，如小米的"MIUI"就抓住了"用户自由表达对产品的偏好并部分地参与到设计工作中"这一"痛点"。另一方面，结合实体产品和虚拟场景，串联产品使用、顾客生活和关联服务，为顾客解决生活问题，使其产生"黏性"。将实体产品和虚拟场景结合，联合各类企业主体，围绕顾客的共同情感、功能偏好、消费习惯等特征，联结人与人、人与物、物与物，并提供一整套解决方案来增进顾客生活便利性，如各品牌手机都连接移动网络和海量App。

第三，价格差异化。线上产品价格低于线下会导致消费者线下体验线上购买，从而发生跨渠道购买行为，因此削减消费者跨渠道购买行为的企业应实施价格差异化策略。首先，网络店铺的产品售价不低于实体店铺产品的价格。企业可实施转售价格维持制度，保证线上产品销售价格不低于线下。转售价格维持制度是指制造商或零售商联盟要求各个零售商必须按照一定的价格水平转售其产品的一种制度性协议，其目的是约束销售商擅自改变产品的零售价格。如Mattel玩具制造商网上产品售价高于实体店的15%。其次，实施隐性的差异化策略。两种渠道产品标价相同，但网络渠道售价不包括运费和安装费等服务费用，最终选择网络渠道的消费者要支付更高的价格。再次，实行拍卖定价。拍卖定价有很强的不确定性，顾客认为两种渠道产品价格不同，传统渠道零售商也认为网络渠道的价格不低于传统渠道。最后，实施"产品与服务"组合定价策略。传统零售企业可突破原有产品类别边界，创新组合产品与服务，实施产品与服务组合定价，运用网络渠道大量集聚顾客，构筑健康商业生态，通过生态反哺，获取利润。如对某一硬件产品制定"零定价"策略，吸引顾客充分关注，进而运用网络渠道的优势大量集聚顾客，通过对与该产品相关的服务收费，使企业获利。如一件常规定价"188元"、名为"梦露"品牌的女式睡衣，制定了免费送的"零价格"策略，使企业获得了1 000万元订单，而该企业却从每件睡衣23元的快递费中获利。"产品与服务"组合定价策略需要注意：传统零售企业要实现产品与服务的创新性组合，保证"产品"或"服务"的低价，吸引消费者对另一方的广泛关注；综合核算"产品"与"服务"的成本和收益，保证企业有利可图；充分运用网络渠道零距离接触顾客，吸引顾客的广泛关注和传播，大量集聚目标顾客。

总之，企业应首先根据经营产品类别及已有的渠道类型确定是鼓励还是抑制消费者跨渠道购买行为，然后再决定渠道属性、渠道内锁定和渠道间协同的调节方向，选择具体的调节策略，有效引导消费者向有利于企业的渠道迁移。

5.3　本章小结

　　本章首先运用高风险搜索产品的渠道态度和渠道选择模型，分别模拟了改变渠道属性、渠道内锁定和渠道间协同对消费者跨渠道购买行为的影响，评价、检验了驱动因素的作用效果；其次根据模拟结果提出了鼓励或削减消费者跨渠道购买行为的具体策略。

6 研究结论、贡献及展望

6.1 主要研究结论

全渠道拓展了消费者产品选择范围，延伸了消费者获取信息的渠道，丰富了消费者跨渠道购买这种新兴购物模式。消费者跨渠道购买行为指多渠道环境下，消费者基于利益最大化原则，在购买决策过程的不同阶段运用不同渠道的行为，可分为网络渠道搜索传统渠道购买（Webrooming）和传统渠道搜索网络渠道购买（Showrooming）两种类型。

本书揭示了消费者跨渠道购买行为形成机制并提出了切实有效的引导策略。（1）基于理性行为等理论从消费者搜索信息和产品购买两阶段渠道选择出发，分析出消费者跨渠道购买行为的驱动因素：基于渠道属性的决策机制、缺乏渠道内锁定和渠道间协同，并指出产品搜索性、风险性对消费者跨渠道购买行为具有调节作用；（2）搭建了消费者跨渠道购买行为形成机制理论框架，提出了研究假设，进行了维度分析并构建了数理模型；（3）运用调查数据对理论框架进行估计，测量消费者跨渠道购买行为的驱动机制，诊断和解释消费者跨渠道购买行为的程度、路径及动因，检验了研究假设；（4）说明如何运用模型来模拟调节策略对消费者跨渠道购买行为的影响，提出鼓励或削减该行为的具体策略。

理论框架基于理性行为理论、感知价值理论和信任转移理论，阐释了消费者对渠道搜索或购买属性感知决定其对该渠道的搜索或购买态度，从而决定消费者的渠道选择，并分析了产品搜索性和风险性对消费者跨渠道购买行为的调节作用。理论框架的特点在于基于搜索信息和购买两个阶段分别分析了消费者搜索渠道选择和购买渠道选择。研究结果表明，消费者传统（网络）渠道搜索态度和传统（网络）渠道购买态度之间相互影响，这称为渠道内锁定，而缺乏渠道内锁定会导致消费者发生跨渠道购买行为。另外，研究结论还表明，消费者传统（网络）渠道搜索态度和网络（传统）渠道购买态度之间相互影响，这称为渠道间协同，渠道间协同越强，消费者越容易发生跨渠道购买行为。最后，研究结论也表明，产品搜索性和风险性通过调节消费者渠道态度调节消费者渠道选择，从而调节消费者跨渠道购买行为。

本书运用联立方程模型和 Logit 模型建模，运用调查数据分别对产品总体和 4 种产品类型（高风险搜索产品、低风险搜索产品、高风险体验产品和低风险体验产品）的模型参数进行了估计。渠道内锁定和渠道间协同用模型中的特定系数表示，对基于渠道属性的决策机制进行了另外的计算（计算步骤见第 4 章第 7 节），用属性的平均值测量，并进行了不同渠道间的比较（见表 4-10）。产品搜索性和风险性对消费者跨渠道购买行为的影响用模型估计参数的差异来测量（见表 4-36）。本书考虑了搜索性和风险性的交互作用，将产品分为高风险搜索产品、低风险搜索产品、高风险体验产品和低风险体验产品 4 种，并通过问卷调查将 8 种产品类别进行了分类，认为手机、个人电脑属于高风险搜索产品，书、文具属于低风险搜索产品，服装、化妆品属于高风险体验产品，玩具、零食属于低风险体验产品。

本书的结论主要体现在3个方面：

第一，产品属性差异下消费者跨渠道购买行为存在异质性。

购买高风险搜索产品（如手机、个人电脑）和高风险体验产品（如服装、化妆品）时，消费者跨渠道购买的比例远高于低风险搜索产品（如书、文具）和低风险体验产品（如玩具、零食），说明产品风险性越高，消费者越容易发生跨渠道购买。对于高风险搜索产品，消费者主要发生了网络渠道搜索传统渠道购买（Webroooming）的跨渠道购买行为；而对于高风险体验产品，消费者不仅网络渠道搜索传统渠道购买（Webroooming），而且出现了传统渠道搜索网络渠道购买（Showroooming），发生了跨渠道购买行为的的两种类型。

另外，本书还发现，产品搜索性和风险性通过调节消费者渠道态度影响消费者渠道选择，进而影响消费者跨渠道购买行为。4种产品类型下，消费者感知渠道属性、渠道内锁定和渠道间协同存在明显差异，具体为：购买高风险搜索产品（如手机、个人电脑）时，消费者感知网络渠道搜索属性有优势，传统渠道购买属性有优势，网络渠道内锁定弱，网络渠道搜索传统渠道购买渠道间协同强（见表4-36），消费者主要发生了网络渠道搜索传统渠道购买的跨渠道购买行为；购买低风险搜索产品（如书、办公用品）时，消费者感知网络渠道搜索属性有优势，两种渠道购买属性差异不大，传统渠道和网络渠道均具有较强的锁定性，传统渠道和网络渠道缺乏协同性（见表4-36），消费者主要通过网络渠道这一种渠道完成搜索和购买；购买高风险体验产品（如服装、化妆品）时，消费者感知传统渠道和网络渠道搜索属性差异不大，网络渠道购买属性有优势，网络渠道锁定性弱，传统渠道锁定性强，网络渠道搜索传统渠道购买和传统渠道搜索网络渠道购买均具有较强的协同性（见表4-36），消费者既发生了网络渠道搜索传统渠道购买，也发生了传统渠道搜索网络渠道购买；购买低风险体验产品（如玩具、零食）时，消费者感知传统渠道和网络渠道搜索属性差异不大，网络渠道购买属性略高于传统渠道，传统渠道和网络渠道均具有较强的锁定性，传统渠道和网络渠道缺乏协同性（见表4-36），消费者发生了一定比例的网络渠道搜索传统渠道购买这一跨渠道购买行为类型。

第二，网络渠道搜索传统渠道购买（Webrooming）是消费者跨渠道购买行为中最普遍的一种模式，基于渠道属性的决策机制、缺乏渠道内锁定和渠道间协同3个机制都起作用。

这是因为网络渠道相对于传统渠道的强搜索属性优势和传统渠道相对于网络渠道的强购买属性优势、网络渠道的弱渠道内锁定和传统渠道的强渠道内锁定、网络渠道搜索传统渠道购买之间的强渠道间协同。具体解释为：网络渠道相对于传统渠道搜索属性上占优势（基于渠道属性的决策机制），因此消费者会选择网络渠道搜索；而消费者离开某零售商网站比离开一家实体店铺要容易得多（缺乏渠道内锁定），即消费者对网络渠道搜索态度对该渠道购买态度无影响，所以消费者可能会选择其他渠道购买。另外，网络渠道搜索显著正向影响传统渠道购买（渠道间协同），同时受到传统渠道高服务质量、低购买风险等购买属性的吸引（基于渠道属性的决策机制），消费者发生了这种重要的消费者跨渠道购买行为模式：网络渠道搜索传统渠道购买（Webroooming）。

第三，提升网络渠道购买属性、增强渠道内锁定和降低渠道间协同能够削减消费者网络渠道搜索传统渠道购买（Webrooming）这种跨渠道购买行为类型。

本书选择高风险搜索产品渠道态度和渠道选择模型，针对消费者跨渠道购买行为的三大驱动因素——基于渠道属性的决策机制、缺乏渠道内锁定和渠道间协同，以削减消费者跨渠道购买行为为目的，制定了调节策略，模拟了消费者搜索选择和购买选择。模拟结果表明：调节渠道属性（提高网络渠道的服务质量和购买风险属性）、增强网络渠道内锁定（系数从0.6617增加到0.9617）和降低渠道间协同（渠道间协同系数变为0）削减了消费者网络渠道搜索传统渠道购买

（Webrooming）这种跨渠道购买行为模式。

综上所述，消费者跨渠道购买行为的驱动因素有：基于渠道属性的决策机制、缺乏渠道内锁定和渠道间协同，产品属性差异下消费者跨渠道购买行为存在异质性。企业在多渠道顾客管理中，应首先根据经营产品类别和已开设渠道类型决定是鼓励还是削减消费者跨渠道购买行为，然后再根据消费者跨渠道购买行为的三大驱动因素制定有针对性的调节策略，有效引导消费者向有利于企业的渠道迁移。

6.2　主要贡献

本书引入产品搜索性和风险性，基于理性行为理论和感知价值理论，基于信息搜索和产品购买两个阶段，深入分析、研究了消费者跨渠道购买行为驱动因素、作用机制及引导策略。通过对产品总体以及高风险搜索产品、低风险搜索产品、高风险体验产品和低风险体验产品4种产品类型下，基于渠道属性的决策机制、缺乏渠道内锁定和渠道间协同这3个驱动因素的建模和求解，系统解释了消费者跨渠道购买行为形成机制，进而说明如何运用模型来模拟改变驱动因素对消费者跨渠道购买行为的影响，并提出了合理有效的调节策略。本书的贡献主要体现在以下几个方面：

第一，本书引入产品搜索性和风险性来研究消费者跨渠道购买行为形成机制，揭示了产品属性差异下的消费者跨渠道购买行为异质性，弥补了当前研究大多轻视产品属性对消费者跨渠道购买行为重要影响的不足。

学者们多从属于主体因素的消费者特征、属于交互因素的渠道特征等方面对消费者跨渠道购买行为进行了研究，但对属于客体因素的产品属性的研究略显不足。然而，产品本身是吸引顾客的根本，是渠道选择首先要考虑的因素，基于单一产品类别的多渠道消费者行为研究严重制约了学者们关于产品属性对消费者跨渠道购买行为重要影响的发现。对于所有的产品，消费者都会发生跨渠道购买吗？产品可以分为搜索产品（如办公用品）、体验产品（如服装）和高风险产品（如个人电脑）、低风险产品（如书）。无论是搜索产品、体验产品还是高风险产品、低风险产品，消费者都会跨渠道购买吗？这个问题很关键，因为购买不同类别产品时，消费者行为从根本上是不同的。例如，购买体验产品的顾客可能寻求最优的性价比，喜欢通过传统渠道体验，却通过网络渠道下单，发生跨渠道购买行为。相反，购买搜索产品的顾客可能想提高购买效率而仅通过一种渠道完成购买，不发生跨渠道购买行为。同样地，对于高风险产品，消费者可能寻求降低风险，通过网络渠道搜集产品信息，却通过传统渠道完成购买，发生跨渠道购买行为。购买低风险产品的顾客可能想提高效率，仅通过一种渠道完成购买，不发生跨渠道购买行为。

在现有的多渠道消费者行为研究领域，尚未重视产品属性对消费者跨渠道购买行为的影响。本书深入探究了产品搜索性和风险性对消费者跨渠道购买行为的调节作用。研究中选取个人电脑、手机、服装、化妆品、零食、玩具、书、文具8种产品类别，分析了产品搜索性和风险性对消费者跨渠道购买行为的影响。研究结果表明：购买高风险搜索产品（如手机、个人电脑）和高风险体验产品（如服装、化妆品）时，消费者跨渠道购买的比例高于低风险搜索产品（如书、文具）和低风险体验产品（如玩具、零食）。对于高风险搜索产品，消费者主要发生了网络渠道搜索传统渠道购买的跨渠道购买行为模式；对于高风险体验产品，消费者发生网络渠道搜索传统渠道购买和传统渠道搜索网络渠道购买两种跨渠道购买行为类型。

本书阐释了购买4种类型产品时，消费者跨渠道购买行为程度和类型的差异，揭示了产品属性差异下的消费者跨渠道购买行为异质性，这对现有多渠道消费者行为研究是有益的创新和补充。

第二，本书构建了一个消费者跨渠道购买行为形成机制理论模型，揭示了渠道与渠道之间的内在关系、搜索信息和产品购买之间的动态联系。

现有国内外文献主要着眼于某一渠道、某一购买决策过程对消费者渠道选择意愿进行研究，对搜索信息阶段消费者的渠道选择意愿研究略显不足，更缺乏同时考虑搜索信息和产品购买两阶段、传统和网络两种渠道的消费者渠道选择意愿研究，即使同时考虑了多渠道环境及信息搜索与产品购买两阶段的消费者行为的研究也忽略了渠道及渠道之间、信息获取与产品购买之间的内在联系，仅从消费者渠道选择的外部影响探究了消费者购买决策和渠道转换行为。

消费者跨渠道购买行为产生于多渠道环境下，是消费者在购买决策过程的不同阶段运用不同渠道的行为。信息搜索和产品购买是消费者购买决策过程中两个重要阶段，因此首先要分析消费者为什么在信息搜索和产品购买时选择特定的渠道。在多渠道环境下，消费者善于通过多种渠道寻找和分析信息，对产品宣传和信息发布拥有较强的判断力，头脑冷静，购物更趋于理性。本书基于理性行为理论，遵循态度决定行为、渠道属性感知决定渠道态度的理论框架，并允许一种行为态度影响另一种行为态度，延伸了该理论框架，构建了一个多渠道环境下基于信息搜索和产品购买两阶段的消费者跨渠道购买行为形成机制理论模型。研究结果表明：消费者传统（网络）渠道搜索态度和传统（网络）渠道购买态度之间相互影响，这称为渠道内锁定，而缺乏渠道内锁定的渠道会导致消费者发生跨渠道购买行为。研究结论还表明：消费者传统（网络）渠道搜索态度和网络（传统）渠道购买态度之间相互影响，这称为渠道间协同，渠道间的协同性越强，消费者越容易发生跨渠道购买行为。

由此，本书同时考虑了多渠道和多购物阶段的消费者渠道选择行为，研究了渠道与渠道之间、信息获取与产品购买之间的内在联系，深化了消费者购买决策理论在多渠道消费者行为研究领域的应用。此外，从某种程度上看，本书也是对理性行为理论中态度决定行为这一理论观点的进一步延伸。本书中允许消费者一种渠道搜索（购买）态度影响该渠道购买（搜索）态度，这称为渠道内锁定；允许消费者一种渠道搜索（购买）态度影响另一种渠道搜索（购买）态度，这称为渠道间协同，进一步细化了态度的形成机制，进而有助于提高个体对态度形成的理解力和感知力，这对于以往基于态度的行为研究也是一个拓展。

第三，本书进一步将渠道属性细分为搜索属性、购买属性，凝练了搜索属性和购买属性包含的内容。

以往有关渠道属性的研究已指出，消费者在搜索和购买两个阶段对渠道的使用取决于他们在这两个阶段从该渠道获取的效用大小，而这些效用又取决于他们在这两个阶段付出的成本和获得的利益。渠道属性包含美学吸引、易用性、愉悦和搜索便利性等。然而，已有文献对渠道搜索属性和购买属性的研究并不多见，而且对搜索属性、购买属性对搜索态度、购买态度的影响的探索也极少。本书凝练出渠道搜索属性包括搜索便利性、信息有效性、品种丰富性、社会互动性和搜索努力等内容，揭示了这些指标对消费者渠道搜索态度的影响；还凝练出渠道购买属性包括服务质量、购买便利性、享乐性、购买努力、购买风险和价格促销等内容，揭示了这些指标对消费者渠道购买态度的影响。

6.3 研究不足与展望

本书通过深入发掘消费者跨渠道购买行为形成机制，加深了人们对消费者跨渠道购买行为的理解，得到了一些有价值的发现，不仅具有一定的理论意义，也具有较强的实践指导意义，但仍存在一些不足。在未来的研究中，我们可以从以下几个方面改进：

第一，本书选择了8种类别产品研究消费者跨渠道购买行为，研究了搜索性和风险性对消费者跨渠道购买行为的调节效应。所选的8种产品类别在搜索性和风险性上有明显的差异，但这些产品类别可能同时具备其他产品属性，本书中未排除其他产品属性的影响。未来的研究可进一步扩大产品类别范围，深入挖掘有新意产品关键特征，如虚拟性，从而更深入研究产品属性对消费者跨渠道购买行为的影响。

第二，本书在样本选择上有一定的局限性。本书样本以在校大学生为主，他们普遍受教育程度高、年轻，不能反映普通人群体的渠道选择，这是由于抽样过程采用便利样本，而研究者的便利样本以在校大学生为主造成的。未来的研究可进一步扩大样本范围，如针对老龄群体调研，以更全面地把握消费者跨渠道购买行为规律。

第三，本书没有基于企业视角研究消费者跨渠道购买行为。未来的研究可以基于企业视角，不仅着眼于渠道间的竞争，而且着眼于企业间的竞争对消费者跨渠道购买行为的影响。本书基于渠道视角的原因是本书的目的是识别和测量消费者跨渠道购买行为的驱动机制，企业视角的研究将加重被调查者的负担，因为被调查者不得不额外评价企业及其竞争者的多种属性。未来我们可以基于企业视角对消费者跨渠道购买行为进行深入研究。

第四，本书中认为消费者搜索渠道选择和购买渠道选择是一个同步的过程，可能有人认为这是一个连续的过程，用多人单次的横向数据解决不了这个问题。横向的调查数据是本书的一个重要局限，未来我们的研究可以追踪获取消费者购买决策过程中渠道选择的纵向数据，研究消费者历史渠道选择对当前渠道选择的影响，揭示消费者渠道保持或多样化的效应，弥补本书的不足。

第五，本书模型中没有考虑搜索行为对购买行为和购买行为对搜索行为的影响，原因是搜索和购买行为决定属性感知，从而决定搜索和购买态度，搜索和购买态度彼此直接相关（见公式（3-1a）、公式（3-1b）），如果考虑搜索行为和购买行为的相互影响会导致双重计算。但是研究搜索和购买行为对属性的影响是个有趣的话题，值得进一步深入探讨。

第六，本书没有调查消费者跨渠道购买行为机制之间的内在影响。例如，一种渠道如果有强搜索属性、弱购买属性，那么该渠道的渠道内锁定弱。本书模型能够分别测量消费者跨渠道购买行为的三大机制，因为每一个机制都被测量了（见公式（3-1a）、公式（3-1b)）。未来的研究可以将渠道属性、渠道内锁定和渠道间协同之间的相互影响作为变量放入公式（3-1a）、公式（3-1b）中进行研究，但这也会使模型变得更加复杂。

消费者渠道属性感知及选择行为市场调查问卷

您好！为了解消费者对传统渠道和网络渠道的认知和选择，从而指导企业更好地为消费者服务进行本次调查。本次调查大约需要占用您 10 分钟的时间，您所提供的信息不记名、无对错之分，请您根据您的切身感受如实填写。非常感谢您的参与！

说明：题中传统渠道指杂货店、超市、专卖店、百货大楼等。

第一部分　消费者渠道选择

（一）您最近 3 个月中购买过以下何种产品？（如果有多个选项，请您选择印象最深刻的一种产品）[单选题]　[必答题]

○ 书

○ 个人电脑

○ 服装

○ 化妆品

○ 零食

○ 文具

○ 手机

○ 玩具

○ 其他 _____

（二）您购买上述产品是通过何种渠道完成的？［单选题］［必答题］

    ○ 传统渠道

    ○ 网络渠道

（三）您购买上述产品之前，选择何种渠道搜集产品信息？［单选题］［必答题］

    ○ 传统渠道

    ○ 网络渠道

    ○ 多渠道

第二部分：以下是对传统渠道的描述，请您根据自己的实际感受选择相应的选项

（一）信息有效性［矩阵量表题］［必答题］

项目	非常不同意	不同意	一般	同意	非常同意
我通过传统渠道能获得很多产品信息					
传统渠道产品信息质量高					
我能容易地通过传统渠道对产品进行比较					
我能容易地通过传统渠道比较产品价格					

（二）搜索便利性［矩阵量表题］［必答题］

项目	非常不同意	不同意	一般	同意	非常同意
我能在一天中的任何时间通过传统渠道获得产品信息					
通过传统渠道获取产品信息速度快					

（三）品种丰富性［矩阵量表题］［必答题］

项目	非常不同意	不同意	一般	同意	非常同意
传统渠道产品种类丰富					
传统渠道产品品种新					
传统渠道有流行的产品品牌					
我能通过传统渠道买到高质量的产品					
我能通过传统渠道买到适合我需要的产品					

（四）社会互动性［矩阵量表题］［必答题］

项目	非常不同意	不同意	一般	同意	非常同意
我在传统渠道能方便地与顾客交流					
我在传统渠道能方便地与企业互动					

（五）搜索努力［矩阵量表题］［必答题］

项目	非常不同意	不同意	一般	同意	非常同意
通过传统渠道搜索产品信息很耗时					
通过传统渠道搜索产品信息很复杂					

（六）搜索态度［矩阵量表题］［必答题］

项目	非常不同意	不同意	一般	同意	非常同意
传统渠道是适合的搜索信息渠道					
传统渠道搜索信息很有吸引力					

（七）服务质量［矩阵量表题］［必答题］

项目	非常不同意	不同意	一般	同意	非常同意
我能通过传统渠道得到优良的产品服务					
我能通过传统渠道得到有益的个性化产品建议					
传统渠道交货安排得好					

（八）购买便利性［矩阵量表题］［必答题］

项目	非常不同意	不同意	一般	同意	非常同意
我能通过传统渠道方便地购买产品					
通过传统渠道购买，我能很快地拿到产品					

（九）享乐性［矩阵量表题］［必答题］

项目	非常不同意	不同意	一般	同意	非常同意
通过传统渠道购买产品很有趣					
通过传统渠道购买产品很舒服					

（十）购买努力［矩阵量表题］［必答题］

项目	非常不同意	不同意	一般	同意	非常同意
通过传统渠道购买产品很耗时					
通过传统渠道购买产品很复杂					

（十一）购买风险 ［矩阵量表题］［必答题］

项目	非常不同意	不同意	一般	同意	非常同意
通过传统渠道购买，我可能拿不到所选择的产品					
通过传统渠道购买，判断产品质量很困难					
通过传统渠道购买，支付很容易出错					
通过传统渠道购买，个人数据资料不安全					

（十二）价格促销 ［矩阵量表题］［必答题］

项目	非常不同意	不同意	一般	同意	非常同意
传统渠道产品价格低					
传统渠道有定期的产品促销					

（十三）购买态度 ［矩阵量表题］［必答题］

项目	非常不同意	不同意	一般	同意	非常同意
传统渠道是适合的购买渠道					
传统渠道购买很有吸引力					

第三部分：以下是对网络渠道的描述，请您根据自己的实际感受选择相应的选项

（一）信息有效性 ［矩阵量表题］［必答题］

项目	非常不同意	不同意	一般	同意	非常同意
我能通过网络渠道获得很多产品信息					
网络渠道产品信息质量高					
我能容易地通过网络渠道对产品进行比较					
我能容易地通过网络渠道比较产品价格					

（二）搜索便利性［矩阵量表题］［必答题］

项目	非常不同意	不同意	一般	同意	非常同意
我能在一天中的任何时间通过网络渠道获得产品信息					
通过网络渠道获取产品信息速度快					

（三）品种丰富性［矩阵量表题］［必答题］

项目	非常不同意	不同意	一般	同意	非常同意
网络渠道产品种类丰富					
网络渠道产品品种新					
网络渠道有流行的产品品牌					
我能通过网络渠道买到高质量的产品					
我能通过网络渠道买到适合我需要的产品					

（四）社会互动性［矩阵量表题］［必答题］

项目	非常不同意	不同意	一般	同意	非常同意
我在网络渠道能方便地与顾客交流					
我在网络渠道能方便地与企业互动					

（五）搜索努力［矩阵量表题］［必答题］

项目	非常不同意	不同意	一般	同意	非常同意
通过网络渠道搜索产品信息很耗时					
通过网络渠道搜索产品信息很复杂					

（六）搜索态度 ［矩阵量表题］［必答题］

项目	非常不同意	不同意	一般	同意	非常同意
网络渠道是适合的搜索信息渠道					
网络渠道搜索信息很有吸引力					

（七）服务质量 ［矩阵量表题］［必答题］

项目	非常不同意	不同意	一般	同意	非常同意
我能通过网络渠道得到优良的产品服务					
我能通过网络渠道得到有益的个性化产品建议					
网络渠道交货安排得好					

（八）购买便利性 ［矩阵量表题］［必答题］

项目	非常不同意	不同意	一般	同意	非常同意
我能通过网络渠道方便地购买产品					
通过网络渠道购买，我能很快地拿到产品					

（九）享乐性 ［矩阵量表题］［必答题］

项目	非常不同意	不同意	一般	同意	非常同意
通过网络渠道购买产品很有趣					
通过网络渠道购买产品很舒服					

（十）购买努力 ［矩阵量表题］［必答题］

项目	非常不同意	不同意	一般	同意	非常同意
通过网络渠道购买产品很耗时					
通过网络渠道购买产品很复杂					

（十一）购买风险［矩阵量表题］［必答题］

项目	非常不同意	不同意	一般	同意	非常同意
通过网络渠道购买，我可能拿不到所选择的产品					
通过网络渠道购买，判断产品质量很困难					
通过网络渠道购买，支付很容易出错					
通过网络渠道购买，个人数据资料不安全					

（十二）价格促销［矩阵量表题］［必答题］

项目	非常不同意	不同意	一般	同意	非常同意
网络渠道产品价格低					
网络渠道有定期的产品促销					

（十三）购买态度［矩阵量表题］［必答题］

项目	非常不同意	不同意	一般	同意	非常同意
网络渠道是适合的购买渠道					
网络渠道购买很有吸引力					

第四部分：个人信息

（一）您的性别［单选题］［必答题］

○ 男

○ 女

（二）您所处的年龄段［单选题］［必答题］

○ 17岁及以下

○ 18～25岁

○ 26～35岁

○ 36～45岁

○ 46～60岁

○ 61岁及以上

(三) 您的学历 [单选题] [必答题]

○ 初中及以下

○ 高中

○ 中专及专科

○ 大学本科

○ 硕士研究生及以上

(四) 您所在的地区 [单选题] [必答题]

○ 城市

○ 城镇

○ 农村

附录 2

主要变量注释表

$Searchchoice_1$	传统渠道搜索选择
$Searchchoice_2$	网络渠道搜索选择
$Purchasechoice_1$	传统渠道购买选择
$Purchasechoice_2$	网络渠道购买选择
$Search_1$	传统渠道搜索态度
$Search_2$	网络渠道搜索态度
$Purchase_1$	传统渠道购买态度
$Purchase_2$	网络渠道购买态度
X_{11}	传统渠道信息有效性
X_{12}	传统渠道搜索便利性
X_{13}	传统渠道品种丰富性
X_{14}	传统渠道社会互动性
X_{15}	传统渠道搜索努力

X_{21}	网络渠道信息有效性
X_{22}	网络渠道搜索便利性
X_{23}	网络渠道品种丰富性
X_{24}	网络渠道社会互动性
X_{25}	网络渠道搜索努力
W_{11}	传统渠道服务质量
W_{12}	传统渠道购买便利性
W_{13}	传统渠道享乐性
W_{14}	传统渠道购买努力
W_{15}	传统渠道购买风险
W_{16}	传统渠道价格促销
W_{21}	网络渠道服务质量
W_{22}	网络渠道购买便利性
W_{23}	网络渠道享乐性
W_{24}	网络渠道购买努力
W_{25}	网络渠道购买风险
W_{26}	网络渠道价格促销

主要参考文献

[1] 曹正进，丁丽红. 消费者渠道选择的国内外研究比较 [J]. 首都经济贸易大学学报，2018，20 (3): 106-112.

[2] 陈远高，杨水清. 零售渠道研究综述与展望：基于知识图谱方法 [J]. 中国流通经济，2018，32 (11): 3-12.

[3] 杜惠英，王兴芬，庄文英. 在线评价对消费者购买意愿影响理论模型与实证研究 [J]. 中国流通经济，2017，31 (8): 49-56.

[4] 胡义淑，金永生，李静. 网络购物中信息搜索的感知价值对购物意愿的影响 [J]. 北京邮电大学学报（社会科学版），2011，13 (3): 31-37.

[5] 黄韫慧. "诱导" 消费者做决策 [J]. 北大商业评论，2015，137 (12): 94-101.

[6] 李飞，李达军，孙亚程. 全渠道零售理论研究的发展进程 [J]. 北京工商大学学报（社会科学版），2018，33 (5): 33-40.

[7] 李双双，陈毅文，李江予. 消费者网上购物决策模型分析 [J]. 心理科学进展，2006，14 (2): 294-299.

[8] 廖颖川，吕庆华. 消费者全渠道零售选择行为研究综述与展望 [J]. 中国流通经济，2019 (8): 118-128.

[9] 刘平峰，谢坤英. 基于演化博弈的全渠道协同定价行为研究 [J]. 北京邮电大学学报（社会科学版），2019，21 (5): 24-33.

[10] 刘向东，李子文，陈成漳. 实体零售商该如何 "触网"? ——零售技术效

率的视角 ［J］. 商业经济与管理，2017（4）：5-15.

［11］ 刘遗志，胡争艳，汤定娜. 研究型购物者为何回归离线渠道购买？——基于感知风险和感知成本视角 ［J］. 北京工商大学学报（社会科学版），2019，34（1）：52-62.

［12］ 卢亭宇，庄贵军，丰超，等. O2O情境下的渠道迁徙路径与在线信息分享 ［J］. 西安交通大学学报（社会科学版），2017（5）：40-48.

［13］ 汪旭晖，赵博，刘志. 从多渠道到全渠道：互联网背景下传统零售企业转型升级路径——基于银泰百货和永辉超市的双案例研究 ［J］. 北京工商大学学报（社会科学版），2018，33（4）：22-31.

［14］ 王丽丽，赵炳新，NEBENZAHL I D.网络视角下的消费者信息搜索行为研究——产品类别的调节作用 ［J］. 大连理工大学学报（社会科学版），2017，38（2）：1-7.

［15］ 韦斐琼，樊亚凤，蒋晶. 搜索任务类型对消费者网络信息搜索努力的影响机制——基于自我效能感的中介作用 ［J］. 营销科学学报，2017，13（1）：83-97.

［16］ 吴锦峰，侯德林，张译井. 多渠道零售系统顾客采纳意愿的影响因素研究——基于网络购物经验的调节作用 ［J］. 北京工商大学学报（社会科学版），2016，31（4）：51-59.

［17］ 吴雪，董大海.互联网环境下消费者跨渠道购买行为研究 ［J］. 当代经济管理，2014，36（11）：34-40.

［18］ 尹华站，李丹，苏琴，等. 搜索成本类型和搜索收益对搜索意愿的影响研究 ［J］. 西南师范大学学报（自然科学版），2013，38（8）：50-55.

［19］ 张沛然，黄蕾，卢向华，等.互联网环境下的多渠道管理研究——一个综述 ［J］. 经济管理，2017，39（1）：134-146.

［20］ 张旭梅，吴雨禾，吴胜男，等. 互联网环境下生鲜实体店全渠道转型路径及机理研究——基于百果园2008—2018年纵向案例研究 ［J］. 软科学，2020，34（3）：129-136.

［21］ 赵霞，徐永锋. 网络渠道提高了零售商绩效吗？——基于中国零售业上市公司的实证 ［J］. 当代经济管理，2017，38（4）：21-31.

［22］ 周飞，冉茂刚，沙振权.多渠道整合对跨渠道顾客保留行为的影响机制研究 ［J］. 管理评论，2017，29（3）：176-185.

［23］ AHTOLA O T.Measuring the hedonic and utilitarian sources of consumer attitudes ［J］. Marketing Letters, 1991（2）: 2, 159-170.

［24］ AJZEN, ICEK, MARTIN F. The prediction of behavioral intentions in a

choice situation ［J］. Journal of Experimental Social Psychology,
1969, 5（4）：400-416.

［25］ ANIMESH A S, VISWANATHAN, AGARWAL R.Competing "creatively"
in sponsored search markets： the effect of rank, differentiation
strategy, and competition on performance. ［J］. Information Systems
Research, 2011, 22（1）：153-169.

［26］ ANSARI A, MELA C F, NESLIN S A. Customer channel migration
［J］. Journal of Marketing Research, 2008, 45（1）：60-76.

［27］ ARORA S, SAHNEY S.Consumer's webrooming conduct： an explanation
using the theory of planned behavior ［J］. Asia Pacific Journal of
Marketing and Logistics, 2018, 30（4）：1040-1063.

［28］ BAKOS J Y. Reducing Buyer Search Costs： Implications for electronic
marketplaces ［J］. Management Science, 1997, 43（12）：1676-
1692.

［29］ BALASUBRAMNIAN S, RAJAGOPAL R, VIJAY M. Consumers in a
multichannel environment： product utility, process utility, and
channel choice ［J］. Journal of Interactive Marketing, 2005, 19（2）：
12-30.

［30］ BAO Z, WANG D. Examining consumer participation on brand
microblogs in China： perspectives from elaboration likelihood model,
commitment-trust theory and social presence ［J］. Journal of Research
in Interactive Marketing, 2021, 15（1）：10-29.

［31］ BART Y, SHANKAR V, SULTAN F, et al. Are the drivers and role of
online trust the same for all web sites and consumers? A large-scale
exploratory empirical study ［J］. Journal of Marketing, 2005, 69
（4）：133-152.

［32］ CHIOU J S, WU L Y, CHOU S Y. You do the service but they take
the order ［J］. Journal of Business Research, 2012, 65（7）：883-889.

［33］ CHOU S Y, SHEN G C, CHIU H C, et al. Multichannel service
providers' strategy： understanding customers' switching and free-
riding behavior ［J］. Journal of Business Research, 2016, 69（6）：
2226-2232.

［34］ COX D F, STUART U R. Perceived risk and consumer decision-
making—the case of shopping ［J］. Journal of Marketing Research,

1964, 1 (4): 32-39.

[35] DHOLAKIA R R, CHIANG K P. Shoppers in cyberspace: are they from Venus or Mars and does it matter? [J]. Journal of Consumer Psychology, 2003, 13 (1-2): 171-176.

[36] FIESTAS J C, TUZOVIC S. Mobile-assisted showroomers: understanding their purchase journey and personalities [J]. Journal of Retailing and Consumer Services, 2021 (58).

[37] FLAVIÁN C, GURREA R, ORUS C. Choice confidence in the webrooming purchase process: the impact of online positive reviews and the motivation to touch [J]. Journal of Consumer Behaviour, 2016, 15 (6): 459-476.

[38] FLAVIÁN C, GURREA R, ORUS C. Feeling confident and smart with webrooming: understanding the consumer's path to satisfaction [J]. Journal of Interactive Marketing, 2019 (47): 1-15.

[39] GENSLER S, NESLIN S A, VERHOEF P C. The showrooming phenomenon: it's more than just about price [J]. Journal of Interactive Marketing, 2017 (38): 29-43.

[40] GUPTA A, SU B C, WALTER Z. Risk profile and consumer shopping behavior in electronic and traditional channels [J]. Decision Support Systems, 2004, 38 (3) 347-367.

[41] HAMZAH Z L, WAHAB H A, WAQAS M. Unveiling drivers and brand relationship implications of consumer engagement with social media brand posts [J]. Journal of Research in Interactive Marketing, 2021, 15 (2): 336-358.

[42] KAMAKURA W A, DU R Y. How economic contractions and expansions affect expenditure patterns [J]. Journal of Consumer Research, 2012, 39 (2): 229-247.

[43] KANG J-Y M. Showrooming, webrooming, and user-generated content creation in the Omnichannel Era [J]. Journal of Internet Commerce, 2018, 17 (2): 145-169.

[44] KAPLAN L B, GEORGE J S, JACOB J. Components of perceived risk in product purchase: a cross-validation [J]. Journal of Applied Psychology, 1974, 59 (3): 287-291.

[45] KUSHWAHA T, SHANKAR V. Are multichannel customers really more

valuable? The Moderating Role of Product Category Characteristics [J]. Journal of Marketing, 2013, 77 (4): 67-85.

[46] LI G, ZHANG T, KUMAR G T. Inroad into Omni-channel retailing: physical showroom deployment of an online retailer [J]. European Journal of Operational Research, 2020 (283): 676-691.

[47] MONTOYA-WEISS M M, VOSS G B, GREWAL D. Determinants of online channel use and overall satisfaction with a relational, multichannel service provider [J]. Journal of the Academy of Marketing Science, 2003, 31 (4): 448-458.

[48] MORTON F S, ZETTELMEYER F, SILVA-RISSO J. Internet car retailing [J]. Journal of Industrial Economics, 2021, 49 (4): 501-519.

[49] MOSTAFA R B. From social capital to consumer engagement the mediating role of consumer e-empowerment [J]. Journal of Research in Interactive Marketing, 2021, 15 (2): 316-335.

[50] MUDAMBI R, VENZIN M. The strategic nexus of offshoring and outsourcing decisions [J]. Journal of Management Studies, 2010, 47 (8): 1510-1533.

[51] NESLIN S, SHANKAR V. Key issues in multichannel customer management: current knowledge and future directions [J]. Journal of Interactive Marketing, 2009, 23 (1): 70-81.

[52] NESLIN S A, JERATH K, BODAPATI A, et al. The interrelationships between brand and channel choice [J]. Marketing Letters, 2014, 25 (3): 319-330.

[53] NOVAK T P, HOFFMAN D L, DUHACHEK A. The influence of goal-directed and experiential activities on online flow experiences [J]. Journal of Consumer Psychology, 2003, 13 (1-2): 3-16.

[54] PAWAR S, TAPATI S. Omni-channel retailing: the opulent blend moving towards a customer driven approach [J]. Journal of Arts Sarmah, Science, and Commerce, 2015, 6 (3): 1-10.

[55] RAPP A, BAKER T L, BACHRACH D G, et al. Perceived customer showrooming behavior and the effect on retail salesperson self-efficacy and performance [J]. Journal of Retailing, 2015, 91 (2): 358-369.

[56] RATCHFORD B T. Cost-benefit models for explaining consumer

choice and information seeking behavior ［J］. Management Science, 1982, 28, （2）: 197-212.

[57] SHANKAR, A. How does convenience drive consumers' webrooming intention ［J］. International Journal of Bank Marketing, 2021, 39 （2）: 312-336.

[58] SOYLEMEZ K C. 4W of user-generated content: who we are and where we post influence what we Post ［J］. Journal of Research in Interactive Marketing, 2021, 15 （3）: 386-400.

[59] STIGLER G J. Private vice and public virtue ［J］. Journal of Law & Economics, 1961(4): 1-11.

[60] THOMAS J S, SULLIVAN U Y. Managing marketing communications with multichannel customers ［J］. Journal of Marketing, 2005, 69 （4）: 239-251.

[61] SEBATIAN V B, CHRISTIAN D. Free riding and customer retention across retailers' channels ［J］. Journal of Interactive Marketing, 2005, 19 （2）: 75-85.

[62] VERHOEF P C, NESLIN S A, VROOMEN B. Multichannel customer management: understanding the research-shopper phenomenon ［J］. International Journal of Research in Marketing, 2007, 24 （2）: 129-148.

[63] VIJAYASARATHY L R. Product characteristics and internet shopping intentions ［J］. Internet Research, 2002, 12 （5）: 411-426.

[64] VOGEL J, PAUL M. One firm, one product, two prices: channel-based price differentiation and customer retention ［J］. Journal of Retailing & Consumer Services, 2015, 27 （1）: 126-139.

[65] WANG C L. New frontiers and future directions in interactive marketing: inaugural editorial ［J］. Journal of Research in Interactive Marketing, 2021, 15 （1）: 1-9.

[66] WOLNY J, CHAROENSUKSAI N. Mapping customer journeys in multichannel decision-making ［J］. Journal of Direct Data & Digital Marketing Practice, 2014, 15 （4）: 317-326.

[67] YADAV M S, PAVLOU P A. Marketing in computer-mediated environments: research synthesis and new directions ［J］. Social Science Electronic Publishing, 2014, 78 （1）: 20-40.

关键词索引